루이스 헤이의
나를
치유하는
생각

옮긴이 **강나은**

영미 도서 번역가. 번역한 책으로 《페이지》,《굿바이, 그토록 간절했던 평범함》,
《애비게일의 두 번째 인생》 등이 있다.

비하인드

작가 겸 출판사 미래시간 편집장.《코즈믹 오더링》,《슬렁슬렁 부자되는 풍요노트》,
《여왕의 연애》를 썼으며《하와이안 마나》,《허니문 이펙트》 등 다수의 책을 기획했다.

MEDITATIONS TO HEAL YOUR LIFE – Gift Edition

By Louise L. Hay

Copyright © 2002 by Louise L. Hay

Originally English Language publication 2002 by Hay House, California, USA

Korean translation rights © 2014 MIRESIGAN.

Korean translation rights are arranged with Hay House UK Ltd.

through Amo Agency Korea.

Tune into Hay House broadcasting at: www.hayhouseradio.com

나를 사랑하고
존중하는 법을 배우는
행복과 긍정의 바이블

루이스 헤이의
나를
치유하는
생각

루이스 L. 헤이 지음 | **강나은, 비하인드** 옮김

미래시간

자기 자신을 사랑하는 법을 배우는 일이
얼마나 중요한지 배워 가는 모든 삶의 제자들에게
이 책을 바칩니다.

이 책에 담긴 글들은 당신만의 창조적인 생각이 뻗어 나아가는 출발점이 되어 줄 것입니다. 그리고 삶에 일어나는 일들을 지금까지와는 다른 시각으로 바라보게 도와 줄 것입니다.

이 세상에 태어날 때, 우리는 내면이 속삭이는 지혜를 또렷하게 들을 수 있는 순수하고 맑은 마음을 지니고 옵니다. 그러나 우리는 성장하면서 주변 어른들이 마음에 품은 두려움과 한계를 받아들이게 됩니다. 그리하여 성인이 될 무렵이면 자신도 모르는 사이에 수많은 부정적인 신념들을 품고 맙니다. 진실이 아닌 그 부정적인 믿음을 바탕으로 삶을 만들어 나가게 되는 것이지요.

이 책을 읽다 보면 어떤 부분에서는 동의하기 어려울 수 있습니다. 어떤 내용은 지금까지 당신이 품어 온 사고방식과 상충할 수 있습니다. 그래도 괜찮습니다. 그런 과정은 마치 수프를 휘휘 젓는 일처럼, 그동안 의문 없이 당연히 받아들였던 마음속 생각들을 수면 위로 끌어올려 대면하게 해 주니까요.

이 책에 담은 내용과 반드시 같은 생각이 아니더라도 좋습니다. 그렇더라도 자신이 지금껏 삶에 대해 어떤 생각들을 품어 왔는지, 그리고 왜 그런 생각을 하게 되었는지 이 책을 읽으며 찬찬히 되돌아보는 기회를 가졌으면 합니다. 그 과정을 통해 우리는 성장하고 변화합니다.

나 역시 나만의 길에 막 들어섰을 무렵에는, 새로이 접한 많은 형이상학적 관념들을 전적으로 받아들이기 힘들었습니다. 그러나 이전까지 내가 믿어 온 생각들을 돌이켜 보게 되었고, 그 결과 내

가 그동안 내 삶을 불행하게 만드는 생각을 무척이나 많이 품고 있었음을 깨달았습니다. 그 부정적인 생각들을 버린 후부터, 삶에는 훨씬 좋은 일들이 찾아오기 시작했습니다.

어디에서부터 이 책을 보아도 좋습니다. 마음 가는 대로 펼쳐 보세요. 아마도 그 페이지는 그 순간의 당신에게 딱 맞는 메시지를 담고 있을 것입니다. 이 책을 통해 이미 갖고 있던 당신의 생각은 더욱 확고해질 수도 있고, 반대로 받아들이기 어려운 내용에 흔들릴 수도 있습니다. 그러한 반응마저도 모두 성장의 한 과정입니다. 당신은 우주의 품속에서 안전하다는 것을, 다 괜찮다는 것만 기억하세요.

루이스 헤이

Louise L. Hay

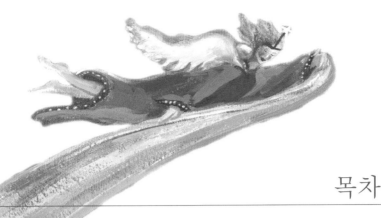

목차

시작하며   7

- 가능성   215
- 가족의 참 의미   89
- 감정과 마주하기   95
- 개성   239
- 거울 속의 나에게   149
- 건강과 영양   159
- 결정하기   59
- 경제적 안정   97
- 교통수단   231
- 교육   39
- 균형   119
- 기회의 문   143
- 깨달음   81

- 나 자신과의 관계   191
- 나이 듦   19
- 난치병   21
- 내려놓음   235
- 내면의 어린아이   37
- 내면과의 대화   205
- 내면의 지혜   243
- 내면의 집   125
- 노후의 삶   75
- 뉴스   157

- 단점   99
- 더 넓은 세상으로   85
- 돈   151
- 돈에 대한 걱정   153
- 돌봄   33
- 두려움   91
- 두통   117

- 마음의 권위   23
- 먹거리   101
- 면역체계   133
- 명상   147
- 모든 이의 풍요   83
- 문제 해결   185
- 미래의 가능성   181
- 믿음의 닻   233

- 받아들임   13
- 방황   93
- 배고픈 사람들   131
- 변화의 시대   229
- 부모님과의 관계   167
- 불안감   51
- 비교하는 마음   47
- 비전   241
- 비즈니스   31
- 비판   55

- 사랑의 원천 145
- 삶의 목적 189
- 삶의 지원 217
- 삶이라는 학교 141
- 새로운 관점 155
- 생각의 전환 35
- 생각의 주인 225
- 선택의 자유 105
- 성장 223
- 성차별 207
- 세계 평화 171
- 소득과 수입 137
- 소문과 험담 111
- 습관 193
- 시간의 여유 227
- 신의 돌봄 109

- 아름다움 27
- 어머니 별, 지구 179
- 영적 성장 209
- 영적인 법칙 211
- 영적인 안내 67
- 영혼의 가치 139
- 영혼의 각성 165
- 오래된 테이프 161
- 올바른 선택 41
- 완벽에 대한 집착 173
- 용서 103
- 우주의 섭리 175
- 운전하기 73
- 원망 197
- 유머 129
- 의사소통 43
- 의식 49
- 이별의 고통 113
- 이웃 사랑 177
- 이해력 237
- 인내심 169

- 일체감 63
- 일터에서 77

- 자기 사랑 203
- 자기 사랑의 에너지 79
- 자율성 69
- 자존감과 섹스 201
- 잠들기 전에 71
- 잠재의식 213
- 장애물 25
- 조건부 사랑 87
- 죄책감 115
- 주고받음 107
- 죽음 57
- 중독 15
- 지고의 선 121
- 지구별 공동체 45
- 질병 65
- 질서 163
- 집안일 127

- 창조성 53
- 창조주 195
- 책임감 199
- 청구서 29
- 치유의 손길 221

- 편견 183
- 풍요와 번영 187

- 행복할 자격 61
- 향상 135
- 협력자 219
- 확언 17
- 휴일 123

루이스 헤이의 삶과 확언 245

삶은 신성한 것입니다. 나의 내면에는 갓난아기인 나, 어린아이인 나, 청소년인 나, 성인인 나, 그리고 현재와 미래의 모든 내가 자리합니다. 나는 내 모든 부끄러운 기억과 실수, 상처와 좌절들을 내 삶의 한 부분으로 편안히 받아들이기로 합니다. 내가 살아 온 과정 속에는 성공과 실패와 실수, 진실된 통찰력이 담겨 있고 그 모든 것이 나름대로 소중하기 때문입니다.

그것들이 왜 소중한지는 지금 내가 다 이해하지 못해도 괜찮습니다. 나는 지금 이 순간, 내 모든 부분들을 받아들이고 사랑하기를 선택합니다. 나 자신도 다른 사람들도 따뜻한 시선으로 바라보겠습니다. 나는 모두를 있는 그대로 사랑하고 이해하는 마음으로 살아갑니다.

나는 나의 모든 면을 받아들입니다.

삶의 주도권을 잡고,
한계를 넘어서세요

내면이 아닌 외부의 어떤 것에 지나치게 의존하는 행동을 모두 중독이라 합니다. 우리는 약물이나 술, 섹스나 담배에도 중독될 수 있고 타인을 원망하거나 비난하는 사고방식에도 중독될 수 있습니다. 질병이나 빚에도, 희생자 역할이나 거절당하는 일에도 중독될 수 있습니다. 반대로 이 모든 한계들을 초월할 수도 있습니다.

중독은 또한 어떤 물질이나 습관에 내 삶의 주도권을 내어 준다는 뜻입니다. 어떤 상황에서든 나는 내 삶의 주도권을 되찾을 수 있습니다. 바로 지금, 내 인생을 다스리는 힘이 다시 내 손에 들어옵니다. 나는 인생이 내 편임을 기억합니다. 기꺼이 나 스스로를 용서하고 과거는 흘려보냅니다. 늘 함께해 온 나의 영원한 정신이 지금도 내 안에 있습니다. 나는 긴장을 풀고 과거의 속박에서 자유로워집니다. 천천히 깊은 숨을 들이쉬고 내쉬며, 해묵은 습관들이 떠나간 자리에 새로운 좋은 습관들을 채워 넣습니다.

나는 스스로를 용서하고, 자유롭게 합니다.

자주 하는 말이
그 사람의 인생을 만듭니다

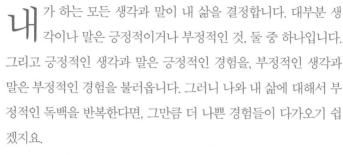

내가 하는 모든 생각과 말이 내 삶을 결정합니다. 대부분 생각이나 말은 긍정적이거나 부정적인 것, 둘 중 하나입니다. 그리고 긍정적인 생각과 말은 긍정적인 경험을, 부정적인 생각과 말은 부정적인 경험을 불러옵니다. 그러니 나와 내 삶에 대해서 부정적인 독백을 반복한다면, 그만큼 더 나쁜 경험들이 다가오기 쉽겠지요.

이제 나는 어두운 시각으로 세상을 보던 습관에서 벗어나기로 합니다. 대신 내 인생에 찾아오기를 바라는 좋은 것들에 관해서만 이야기하는 새로운 습관을 들입니다. 앞으로는 좋은 일들만이 내 삶에 찾아올 것입니다.

내 '말'이 모든 일의 씨앗입니다.
나는 내 말에 주의를 기울입니다.

자신이
나이 들어가는 모습을
편안히
바라보아 주세요

한 해 한 해가 소중하며, 시간이 흐르면서 비로소 맛보게 되는 특별한 기쁨들이 있습니다. 나이가 많다는 것은 어린 것만큼이나 특별한 일입니다. 그러나 우리 사회는 나이 드는 일을 너무나 두려워하면서 나이 듦이 끔찍한 일인 것처럼 만들어 버렸습니다. 하지만 나이 드는 것은 평범하고 자연스럽기만 한 일입니다. 젊음만을 숭배하는 문화는 나이 든 사람뿐 아니라 모든 이들을 덜 행복하게 만듭니다. 나는 앞으로 다가올 모든 나이를 기대하고 기다릴 것입니다. 나는 앞으로 몇 살이 되건 그 나이의 나를 깊이 사랑할 것입니다. 또 나이가 든다는 것이 곧 병들고 약해진다는 의미는 결코 아닙니다. 세상을 떠나는 과정에 반드시 병원의 복잡한 의료기기나 요양원에 의존해야 할 필요는 없습니다. 나는 언젠가 때가 오면 편안하고 가볍게 떠날 것입니다. 어쩌면 침대에서 낮잠을 자다 평화롭게 이 세상에 작별을 고할 수도 있겠지요. 그때가 오기 전까지는 끝없이 하루하루를 즐겁게 보낼 것입니다.

몇 살이든 나는 항상 완벽한 나이입니다.

어떠한 역경 속에서도,
당신은 **사랑받고** 있음을
기억하세요

지금 우리는 누구도 가본 적 없는 길을 나아가고 있습니다. 그리고 치유와 관련된 사람들은 지금 이 세상에서 얻을 수 있는 모든 지식과 이해력을 동원하여 최선을 다하고 있습니다. 나는 치유의 일에 생각보다 더 많은 것을 해내고 있는 자신이 자랑스럽습니다. 난치병이 있다지만 세상 어딘가에는 인간이 만들어낸 모든 질병에서 말끔히 나은 사람이 있을 것입니다. 치유는 반드시 존재합니다. 내가 어느 나라 말을 하건 관계없이 가슴에서 나오는 사랑이라는 언어는 우리 모두에게 통하기 때문입니다.

나는 매일 시간을 내어 마음을 차분히 하고 심장에서부터 팔로, 다리로, 내 모든 신체 기관으로 흐르는 사랑을 느낄 것입니다. 사랑은 치유의 힘입니다. 사랑은 모든 문을 엽니다. 사랑은 나로 하여금 인생에서 만나는 모든 역경을 극복하도록 도와주는, 언제나 준비된 우주의 힘입니다. 나는 마음을 열고, 내 안으로 흘러 들어와 퍼져 나가는 사랑을 느낍니다. 나를 창조해낸 힘과 내가 하나임을 느낍니다.

어떠한 고통이라도 이 또한 지나갈 것이며,
나는 이 경험을 통해 성장하고 배울 것입니다.

당신의 세상을
다스리는 **왕**은,
바로 당신입니다

오직 나만이 나의 생각을 결정할 수 있으니, 그 어떤 사람이나 장소, 그 어떤 힘도 내 삶을 지배할 수 없습니다. 어린 시절 나는 부모님을 비롯한 어른들이 신이라도 되는 것처럼 여겼습니다. 하지만 이제 나는 힘을 되찾고 내 인생을 다스리는 최고 권력자가 되기로 합니다.

나는 나 자신을 강하고 책임 있는 존재로 받아들입니다. 그리고 나는 매일 아침 명상을 통해 내 안의 고유한 지혜를 만납니다. 우리 모두가 제자인 동시에 스승이라는 것을 알기에, 내게 삶이란 배우는 즐거움이 가득한 학교입니다. 우리는 저마다 무언가를 배우고, 또 가르치려고 이 세상에 왔습니다. 나는 내 생각들에 귀를 기울이며, 마음이 내 안의 지혜를 더욱 신뢰하도록 가만히 인도합니다. 나는 성장하고 피어나며, 지상에서 나에게 일어나는 모든 일을 우주의 신성한 원천이 돌보아 주리라 믿습니다.

내가 내 인생을 집필하는 저자입니다.

장애물을 넘어
가능성으로 나아가세요

지혜와 배움으로 나아가는 문은 언제나 열려 있으니, 앞으로도 나는 수많은 문을 통과할 것입니다. 장애물과 역경은 우리로 하여금 과거를 뒤로 하고 세상 모든 가능성들을 향해 갈 기회를 주는 개인교사와도 같습니다. 나는 마음속 가득 이상을 펼쳐보고, 상상할 수 있는 최고의 장면을 머릿속에 그리는 일을 즐깁니다. 그처럼 좋은 것들로 마음을 가득 채울 때 장애물과 역경은 사라져 갑니다. 그리고 내 삶에는 작은 기적들이 예상치 못한 곳에서 불쑥불쑥 나타납니다. 나는 때때로 아무 일도 하지 않고 가만히 앉아, 그저 우주에 귀를 기울이는 시간을 가지기도 합니다. 나는 삶이라는 학교의 학생이며, 그 배움이 고맙습니다.

내 인생의 장애물이 모두 사라집니다.

세상에 가득한 아름다움을
당신의 두 눈에 담아보세요

아름다움은 어디에나 있습니다. 나는 작은 꽃 한 송이에서, 수면 위를 반짝거리는 빛에서, 고목의 고요한 힘에서 자연의 아름다움을 느낍니다. 자연은 나를 설레게 하며, 내 마음을 새롭게 만들어 줍니다. 인생의 가장 단순한 것들 앞에서 나는 편해지고 즐거워지고 치유됩니다. 사랑의 눈으로 자연을 볼 때, 나 자신을 사랑스럽게 보는 일도 좀 더 쉬워집니다. 나도 자연의 일부이기에 나만의 고유한 방식으로 나는 아름답게 존재합니다. 시선을 어디로 돌리든, 내게는 아름다움이 보입니다. 나는 오늘 인생의 모든 아름다움을 마음 가득히 담아 봅니다.

아름다움이 나를 설레게 하고,
나를 치유합니다.

청구서는
당신이 돈을 지불할
능력이 있다는
메시지입니다

나를 창조한 우주의 힘은 내가 살아가는 데 필요한 모든 것을 마련해 두었습니다. 나는 오직 그 모든 우주의 선물을 누릴 자격이 있음을 깨닫고 마음으로 먼저 그 선물들을 받아들이기만 하면 됩니다. 지금 내가 가진 것은, 내가 허용했기에 나에게 온 것입니다. 내가 무언가 다른 것을 원할 때, 그리고 무언가가 더 많아지거나 혹은 없어지기를 바랄 때, 불평한다고 해서 그 바람들이 이루어지지는 않습니다. 의식을 확장하는 것만이 내가 원하는 것을 얻을 수 있는 방법입니다.

나는 내게 오는 모든 청구서를 애정 어린 마음으로 기꺼이 받아들입니다. 나는 내가 내어 주는 가치가 몇 배로 되돌아올 것을 알기에 기쁜 마음으로 돈을 지불합니다. 그리고 내가 사용한 가치를 돈으로 지불하는 것에 대해 좋은 감정을 느낍니다. 사실 청구서를 받고 기분 나빠야 할 이유는 없습니다. 그것은 누군가가 서비스나 상품을 내게 제공해 줄 만큼 나를 신뢰했다는 것이고, 내가 그 값을 지불할 능력이 있음을 인정한다는 긍정적 의미이니까요.

**나는 생활하는 데 드는 돈을
편하게 마련하고, 지불합니다.**

우주의 지성이
당신의 사업을 돕고 있음을 믿으세요

나는 내 사업이 잘 되도록 인도해 주는 우주의 지성을 신뢰합니다. 보편적인 의미의 사업가이건 아니건, 나는 우주의 지성이 고용한 일꾼입니다. 세상에는 단 하나의 지성이 있고, 그 지성은 우리 태양계에서 각각의 별들을 수백만 년 동안 질서 있고 조화로운 길로 안내한 대단한 실적을 보유하고 있습니다. 나는 기꺼이 이 지성을 내 사업 파트너로 받아들여, 수월하게 사업을 일구어 나갑니다. 이 지성은 나에게 모든 해답과 모든 해결책, 모든 치유, 새로운 창조물과 아이디어를 선사하며 나의 사업을 무한히 즐거운 성공으로 이끌어 줍니다.

나는 좋아하는 일을 직업으로 삼고,
성공할 수 있습니다.

최선을 다해
자신을 **보살펴** 주세요

내 몸은 기적입니다. 내가 돌보는 사람들의 몸 역시 기적입니다. 우리의 몸은 위기 상황에 대처하는 방법을 알고, 휴식을 취하는 법, 재충전하는 법도 알고 있습니다. 우리 모두는 자기 몸이 전하는 메시지를 듣는 법과, 몸에 필요한 것을 제때 제공하는 지혜를 배워 가고 있습니다. 그런데 다른 사람을 돌보는 일은 때로 무척이나 버거울 수 있습니다. 예상했던 것보다 훨씬 어려울 수 있지요. 그래서 나는 도움을 청하는 법도 배우기로 합니다. 혼자서 모든 일을 해야 할 필요는 없습니다.

내가 누군가를 돌보는 사람이건 혹은 누군가의 돌봄을 받는 사람이건, 자신을 사랑하는 일은 내가 할 수 있는 가장 중요한 일 중 하나입니다. 내가 자신을 있는 그대로 사랑하고 받아들일 때의 기분은 마치 내 몸을 제어하는 장치의 스위치를 작동시키는 것과 같습니다. 스위치를 올리면 긴장 대신 편안함이 밀려오고, 모든 것이 다 괜찮다는 메시지가 마음 깊은 곳에서 들려옵니다.

나는 자신을 잘 돌보며, 배려할 줄 압니다.

사랑을 담아서
자신의 **생각을 바꿔** 보세요

새가 감미 꿈… 원

나는 빛입니다. 나는 영혼입니다. 나는 경이로운 존재이며, 많은 것들을 가능하게 만드는 힘입니다. 이제는 나의 생각이 나의 현실을 만들어 낸다는 것을 깨달을 때입니다. 현실을 바꾸고 싶다면, 생각을 바꾸어야 합니다. 그래서 나는 새롭고 긍정적인 방식으로 생각하고 말하기로 합니다. 생각을 바꾸면 삶도 바뀐다는 것은 오래 전부터 전해 온 진실입니다. 실로 내가 어떻게 생각하느냐에 따라, 나를 제한해 온 한계가 순식간에 사라질 수도 있습니다. 새로운 사고방식이 내 마음에 자리하면서 나를 둘러싼 무한한 가능성이 느껴지기 시작합니다. 나는 자신이 이미 완벽하고, 완전하다는 것을 깨닫기 시작합니다. 매일 더 나은 날이 찾아올 것입니다!

나는 생각을 바꾸면
인생이 바뀐다는 것을 압니다.

과거에 어떤 일이 일어났든,
당신 **내면**에 있는 작은 아이에게
당신이 그 아이를 얼마나 사랑하는지
알려 주세요

우리는 모두 이 우주의 사랑받는 자녀로 태어났습니다. 그러
나 아직도 어디에선가는 '아동 학대'와 같은 끔찍한 일이
일어나고 있지요. 새로운 뉴스도 아니지만, 미국에서는 약 30%에
달하는 사람이 어린 시절에 학대를 경험한다고 합니다.

우리는 이제 침묵의 벽 뒤로 숨겨 왔던 것에 대하여 솔직해질 시
점이 되었습니다. 지금 비밀을 감추었던 벽들은 무너져 내리고 있
고, 우리는 바뀔 수 있습니다. '자각'이 바로 그런 변화로 나아가는
첫 걸음입니다. 고통스러운 어린 시절을 보내면서 자신을 강하고
두꺼운 벽과 갑옷으로 둘러싸 버린 사람들이 많습니다. 여전히 그
벽과 갑옷 뒤에는 작고 연약한 아이가 기다리고 있지요. 그 아이는
인정받고, 굳이 달라지지 않아도 있는 모습 그대로 사랑받고 받아
들여지기를 바라고 있습니다. 그 아이에게 말해 줍시다.

"작고 연약한 내 안의 아이야, 나는 너를 정말로 사랑한단다."

나는 어른이 되는 것을 두려워하지 않습니다.
나는 성장해도 안전합니다.

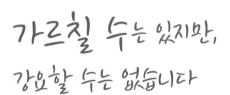

가르칠 수는 있지만,
강요할 수는 없습니다

아이들과 나누는 솔직하고 애정 넘치는 소통은 내가 누리는 가장 큰 기쁨 중 하나입니다. 나는 아이들의 말에 귀 기울이고, 아이들은 나의 말에 귀 기울입니다. 아이들은 언제나 어른을 모방합니다. 그러니 내 곁에 있는 아이가 부정적인 행동을 한다면, 나는 먼저 자신을 돌아볼 것입니다. 나 자신을 치유해야, 그 아이의 치유를 도울 수 있을 것입니다.

그래서 다시 한 번, 나 자신을 조건 없이 사랑하겠다고 다짐합니다. 내 마음에 파고드는 부정적 생각들을 감지하고 버리기로 합니다. 나는 긍정적이며, 사랑이 충만한 사람의 본보기가 되기로 합니다. 내가 그렇게 변할 때 내 곁에 있는 아이도 자신을 더욱 사랑하게 될 것이고, 그 아이의 부정적인 행동은 금세, 혹은 천천히 바뀌겠지요. 또한 나는 내 마음에 살고 있는 어린아이와도 소통하며 살아갑니다. 성인으로서의 내 삶이 평화로워질수록 내면의 아이도 안전함과 사랑받는 기분을 느낄 것이고, 여러 낡은 습관에서 벗어날 수 있다는 희망과 열정을 가지게 될 것입니다.

나는 아이들을 사랑하고, 아이들도 나를 사랑합니다.
우리는 서로 교감합니다.

새로움에 마음을 열면,
매일 어제와는 다른
자신이 되어 갈 수 있습니다

나는 모든 문제에는 해답이 있음을 기억합니다. 지금의 문제 역시 내가 해결할 수 있다고 믿습니다. 내가 상황을 그렇게 바라보기로 선택했기에, 지금의 문제는 일시적으로 머무르다 사라지고 말 것입니다. 내가 통과해 나가는 하나의 과정으로서 말입니다.

나는 충분히 괜찮습니다. 그러니 더는 스스로를 불쌍하게 여기지 않으려 합니다. 나는 경험에서 교훈을 얻고, 앞으로 우주가 나에게 건네 줄 좋은 선물들을 기대할 것입니다. 좋은 방향으로의 변화를 기꺼이 받아들이겠습니다. 또, 문제가 구체적으로 어떤 과정을 통해 해결될지에 대해서는 모를 수도 있음을 편안히 받아들입니다. 나는 신뢰할 수 있고, 알 수 있습니다. 모든 것이 최선의 방향으로 풀려 가고 있음을요. 나의 세상에서는 모든 일이 순조롭습니다.

나는 마음속 가장 지혜로운 목소리를
따를 것입니다.

사랑을 담아 **소통**하세요
그러면 사랑이 가득한
사람들과 경험이
당신에게 다가 올 것입니다

사 랑을 담은 소통은 인생에서 누릴 수 있는 가장 행복하고, 가장 강렬한 경험 중 하나입니다. 어떻게 하면 늘 그러한 경험 속에서 살 수 있을까요?

나는 꾸준한 노력을 기울였습니다. 다양한 책을 읽었고 "나에게서 나온 생각과 말이 우주의 응답을 통해 나에게로 돌아온다."와 같은 인생의 법칙들도 이해하게 되었습니다. 그러므로 나는 우주에 도움을 요청하고 나 자신을 관찰하려 합니다. 나는 더 이상 자신을 비난하지 않습니다. 흠 잡지도 않습니다. 그렇게 있는 그대로 나를 바라보는 것만으로도 애정 어린 소통의 삶에 성큼 가까워집니다. 나는 내가 무엇을 믿는지, 무엇을 느끼는지, 삶에 어떻게 반응하는지 관찰합니다. 어떻게 하면 더 많이 사랑할 수 있을지를 스스로에게 묻습니다. 그리고 우주에게 부탁합니다.

"우주여, 나에게 사랑하는 법을 가르쳐 주세요."

나의 소통은 사랑의 노래입니다.

다양한 삶의 공동체 안에서
평화를 느껴 보세요

지 구별 사람들의 공동체가 전례 없이 넓어지는 중입니다. 새
로운 차원의 영성이 우리를 하나로 연결해 주고 있습니다.
영혼의 차원에서는 우리 모두가 하나임을 배우는 중입니다. 내가
이 시대, 이 별에 태어나기를 선택한 데에는 목적이 있습니다. 깊
은 정신적 차원에서, 나는 우리가 지구별을 치유하는 과정에 참여
하려고 이곳에 온 것이라 믿습니다. 내가 어떤 생각을 하면 비슷한
생각을 하는 누군가의 마음과 연결됩니다. 그러나 낡은 비난과 편
견, 죄책감과 두려움을 그대로 품은 채로는 나의 영혼이 새로운 차
원으로 성장해 갈 수가 없습니다. 나 자신과 타인에 대한 존중을
품고 모두를 조건 없이 사랑할 때, 지구 공동체는 함께 치유되어
갑니다.

나는 지구별 위
모든 존재에게 마음을 엽니다.

나는 그냥 '**나**'일 뿐,

비교와 경쟁은 무의미합니다

나는 나 자신을, 그리고 다른 이들을 조건 없이 사랑하는 방법을 배우기 위해 세상에 태어났습니다. 누구에게나 키, 몸무게와 같이 수치로 매겨지는 부분들이 있지만, 겉모습은 한 사람의 존재에서 지극히 일부분일 뿐입니다. 진정한 힘은 수치를 매길 수 없는 부분에 있습니다.

다른 사람과 비교하면 열등감이 느껴질 뿐, 자신을 있는 그대로 사랑하기가 어려워집니다. 그렇게 허비하기에는 시간이 너무 아깝지요. 누구나 개성을 지닌 대단한 존재입니다. 사람은 저마다 다 다르고 특별합니다. 우리 모두는 영원한 하나이면서도 저마다의 유일한 자아로 세상을 구성하고 있으며, 나는 그 가운데 유일한 나의 자아의 목소리에 귀를 기울입니다. 물리적 세상에서는 모든 것이 변해 갑니다. 나는 그 변화의 물결 속을 함께 흐르면서도, 나만의 고유함을 잃지 않습니다.

나는 비할 바 없이 소중한 존재입니다.

세상은 마음에 있는 것들을
거울처럼 반영합니다

나는 순수 의식입니다. 의식은 내가 원하는 방향으로 향할 수 있습니다. 세상의 부족함과 한계를 볼 수도 있고, 우리의 무한한 일체성과 조화, 완전성을 볼 수도 있습니다. 하나의 무한한 의식이 부정적인 관점으로도, 긍정적인 관점으로도 자리 잡을 수 있는 것입니다. 나는 생명 전체와 하나이며, 마음만 먹는다면 세상의 사랑과 조화를, 아름다움과 힘과 기쁨을, 그리고도 수많은 아름다운 것들을 마음껏 경험할 수 있습니다. 나는 의식입니다. 나는 에너지입니다. 나는 안전합니다. 나는 계속해서 배우고 성장하며, 의식을 변화시켜 나의 경험을 변화시킵니다. 모든 것이 완벽합니다.

나는 마음의 사용법을 익히고,
보다 강해질 수 있습니다.

세상에서

내 뜻대로 할 수 있는 단 한 가지는

현재 자신의 생각입니다

지금 어떤 생각을 품을 것인지

당신만이 결정할 수 있습니다

나에게 일어나는 상황을 전혀 통제할 수 없다고 느끼면, 나는 즉시 긍정의 문구를 말합니다. 불안으로 가득한 마음에 조금의 여유라도 생길 때까지 반복하지요. 뭔가 잘못된 것 같다는 느낌이 들 때는, "괜찮을 거야. 걱정하지 않아도 돼. 다 괜찮아."라고 말하며 내 마음을 달랩니다. 통제하고 싶은 욕구가 들 때는 "나는 삶의 과정을 믿어."라고 말할 수 있습니다. 지진이나 자연 재해가 일어날 때는 이렇게 말할 수 있을 것입니다. "나는 지구와 하나이고, 지구와 같은 리듬 속에서 움직이고 있어. 나는 안전해." 그렇게 삶의 흐름과의 조화를 이룰 때, 나는 어떤 일이 일어나도 무사합니다.

나는 삶의 과정을 신뢰하므로
마음이 편안합니다.

당신의 창조성을 발견하고
소중히 여겨 주세요

우주의 창조성이 나를 통하여 끊임없이 흐르고 있습니다. 그 가운데 일부가 되고 싶다면 자신이 그 창조성의 일부임을 자각하기만 하면 됩니다. 창조성은 그림이나 소설, 영화, 새로 출시된 와인, 새로 설립한 회사 등에만 있는 것이 아닙니다. 가장 기본적으로는 몸의 새 세포를 만드는 일에서부터 나는 내 인생 모든 순간을 창조하고 있습니다. 그리고 현실에 대한 나의 감정적 반응, 현재 직업과 계좌의 잔액, 친구들과의 관계, 그리고 스스로를 대하는 나의 태도까지 모두 나의 창조물입니다.

상상력은 내 고마운 능력들 중에서도 가장 강력한 힘입니다. 나는 나와 주변 모두에 일어날 수 있는 멋진 일들을 제한 없이 상상해 봅니다. 내 안의 성숙한 자아와 함께 삶을 창조해 나아가니, 나의 마음은 희망으로 가득 찹니다.

나는 매일같이
멋진 인생을 창조해 나갑니다.

새로운 일을 배울 때는

배움의 과정을 밟는 당신을

사랑으로 격려하고

응원해 주세요

나는 놀랍도록 멋진 존재입니다. 과거에 나는 자신을 꾸짖고 비난하는 것이 나에게 도움이 된다고 생각했습니다. 하지만 그러한 태도는 별로 도움이 되지 않습니다. 비난은 긍정적인 변화와 성장을 오히려 더 어렵게 만들 뿐입니다.

　아직도 가끔 내 마음에 귀를 대면 '나는 부족해.', '나는 잘못하고 있어.'라고 스스로를 비난하는 소리가 들립니다. 그러면 나는 이 목소리가 어린 시절에 자리 잡은 생각의 습관임을 깨닫고, 나의 내면아이에게 즉시 사랑을 담은 말을 건네기 시작합니다. 나는 내 마음을 고통스럽게 만들기보다 칭찬과 인정으로 건강하게 가꾸어 가기로 선택했습니다. 그렇게 나는 점점 더 사랑스러운 존재가 되어갑니다.

나는 항상 자신을 칭찬합니다.

죽음은

새로운 삶으로 통하는

문입니다

죽음은 마치 영화의 중간에 상영관에 들어왔다가, 영화가 계속되는 도중에 상영관을 나가는 것과 같습니다. 세상을 떠나기에 옳은 때나 틀린 때란 없고, 단지 나의 때가 있을 뿐입니다. 죽음은 실패가 아닙니다. 채식주의자들도 죽고, 고기를 먹는 사람들도 죽습니다. 남을 저주하는 이들도 죽고, 명상으로 마음을 닦는 사람들도 죽습니다. 착한 사람도 죽고, 악한 사람도 죽습니다. 모두가 세상을 떠납니다. 죽음은 지극히 정상적이고 자연스러운 과정입니다.

인생의 한쪽 문이 닫히면 다른 쪽의 문이 열립니다. 이번 생의 문이 닫히면서, 다음 생으로 이어지는 문이 열리는 것입니다. 내가 마음에 품고 떠나는 이 사랑은 다음 번 경험에서 나를 반길 것입니다. 죽음을 통해 우리는 영원한 생의 다음 단계로 자연스럽게 넘어가는 것이지요. 어디에 있든 나는 항상 안전하다는 것을 압니다. 삶의 끝없는 사랑과 지지를 받으면서 말입니다.

나는 삶뿐 아니라
죽음도 편안하게 받아들입니다.

현재의 한계 안에 갇힌
사고방식을 초월하세요

건강을 위해서 나는 영양이 풍부하고 몸에 좋은 음식을 고릅니다. 그와 같이 정신과 감정의 건강을 위해서는 내면을 튼튼하게 다져 주는 좋은 생각들을 선택해야겠지요. 한 번의 스쳐 지나가는 생각은 별 것 아니지만, 반복해서 하는 생각들은 떨어지는 물방울과 같습니다. 작은 웅덩이가 되고, 그 다음에는 연못이, 그리고는 호수가, 결국에는 바다가 됩니다.

비난하는 생각이나 결핍과 한계에 대한 생각이 되풀이 되면 나의 의식은 비관의 바다에 침몰할 것입니다. 반대로 진실과 평화와 사랑에 대한 생각이 잇따르면 의식은 고양되어, 나는 삶이라는 바다 위를 유유히 항해할 수 있습니다. 인류와 모든 생명은 하나입니다. 그 일체성을 인식하는 생각들을 품을 때 나는 좀 더 수월하게 좋은 결정들을 내리며, 그 결정을 믿고 지켜 나갈 수 있습니다.

나는 결정을 잘 하는 사람입니다.

당신은 최고의 행복을 누릴
자격이 있습니다

누구나 행복하고 성취감 가득한 삶을 누릴 자격이 있습니다. 하지만 대부분의 사람이 그렇듯, 나 역시 약간의 좋은 것들만을 누릴 수 있다고 믿었습니다. 아직도 자신이 얼마든지 좋은 것을 누릴 수 있다는 걸 믿는 사람은 많지 않습니다. 하지만 우리에게 다가올 수 있는 좋은 일에는 한계가 없습니다. 어린 시절, 우리는 방 청소를 해야, 머리를 잘 빗어야, 구두를 깨끗이 닦아야, 조용히 해야, 그 외에도 무언가 착한 행동을 해야 상을 받을 수 있다고 배우며 자랐습니다. 조건이 된 그 행동이 중요할 수는 있겠지만, 그걸 하느냐 마느냐가 우리의 가치를 결정하는 것은 결코 아닙니다.

나는 이미 내가 충분히 가치 있는 사람이라는 것을 알며, 애써 나를 바꾸지 않아도 멋진 인생을 살 자격이 있음을 압니다. 나는 두 팔을 활짝 벌려 사랑하는 마음으로 선언합니다.

"나는 모든 좋은 것을 누릴 자격이 있어. 나는 모든 것을 받아들일 거야!"

나는 최고로 멋진 경험들을 향해
마음을 열어 둡니다.

이 세상에서

일어나는 모든 좋은 일과

하나가 되세요

나는 삶을 완벽하게 받아들이고 소화하고 배출합니다. 나의 세포와 장기는 무엇을 해야 할지를 정확히 알고 있습니다. 내 몸을 돕기 위해 내가 할 일은 영양가 있는 음식을 먹고, 긍정적이며 사랑이 담긴 생각을 하는 것입니다.

　내 몸의 모든 부분은 나의 정신적인 활동에 영향을 받습니다. 특히 위장은 새로운 생각을 받아들이고 온전히 내 것으로 만드는 일과 관련이 있습니다. 때때로 나는 새로운 경험을 온전히 받아들이는 일을 어려워하곤 합니다. 하지만 커다란 변화의 한가운데에 있을지라도, 나는 소중하고도 영원한 나의 존재 자체를 고마워하고 기뻐하는 생각을 할 수 있습니다. 나는 신이 빚어낸 위대한 우주의 일부입니다.

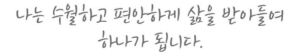

나는 수월하고 편안하게 삶을 받아들여
하나가 됩니다.

사랑하는 마음으로,
더없이 건강한 삶을
창조해 가세요

나는 건강하며, 유연합니다. 나는 이 상태가 지극히 자연스럽습니다. 나는 새로운 것들을 쉽게 배울 수 있습니다. 나는 웃고, 변화하고, 성장해 갑니다. 질병이란 삶의 흐름에 저항하거나 어떤 대상을 용서하지 못하는 마음과 관련이 있습니다. 한편으로 질병은 삶을 더욱 잘 이해하도록 도와주는 개인 교사와도 같습니다. 모든 선생님들과 마찬가지로 질병은 내게 디딤돌이 되어 줍니다. 질병을 통해 배움을 얻은 후 치유의 다음 단계로 나아갈 수 있는 것입니다.

모든 세상 사람들이 저마다 자신의 인생 어딘가를 치유해 나가고 있습니다. 나는 사랑이 가득 담긴 환경을 만듦으로써 나의 몸과 마음과 영혼의 건강한 삶을 돕습니다. 나의 몸과 마음은 내가 가장 잘 돌볼 수 있습니다.

나는 어떤 질병을 겪게 될지라도
그 병을 소중한 스승으로 여깁니다.

명상을 하며 질문해 보세요.
"내가 알아야 할 것은 무엇일까?"
그러면 그날 하루 중 어느 순간,
답을 얻게 됩니다

나보다 훨씬 커다란 어떤 힘이 존재하며, 매일 매 순간 그 힘은 나를 통해 흐릅니다. 나는 그 힘에 마음을 열었으니 언제고 내게 필요한 것을 받을 수 있습니다. 나뿐만이 아니고 모든 사람이 이렇게 할 수 있습니다.

오늘날은 내면에 관심을 가지는 것이 잘못되거나 위험한 일이 아님을 모두가 배워 가는 시대입니다. 삶이 근본적으로 무엇인지에 대한 탐구를 계속하는 것은 안전합니다. 삶이 어떤 면에서 내 기대대로 흘러가지 않을 때, 그것은 내가 나쁘거나 틀렸다는 의미가 아닙니다. 신이 방향을 전환해 보라고 신호를 보내는 것입니다. 그럴 때 나는 조용한 공간을 찾아 긴장을 풀고, 내면을 통해 전달되는 그 지성의 메시지에 귀를 기울입니다. 내면에서는 내가 언제든 이용할 수 있는 무궁무진한 지혜가 샘솟고 있습니다. 그리고 나는 내게 필요한 모든 해답이 완벽한 때와 장소를 통해 나타난다는 것을 기억합니다.

나의 모든 것이 신이 인도하는
올바름 속에 있습니다.

작고 사소한 일이라도
기쁜 마음으로 하세요

일을 하는 데에는 셀 수 없을 정도로 다양한 방법이 있습니다. 그리고 나는 모든 일에서 뜻밖의 즐거움을 찾으려 합니다. 나는 내가 많은 일을 해냈을 때도 기뻐하지만 일을 거의 못했을 때도 기뻐합니다. 일을 '전혀' 하지 못했을 때도 기뻐합니다. 내가 어떤 일을 얼마나 하건, 그 순간으로서는 완벽하기 때문입니다. '해야만 하는 일'이란 실제로는 존재하지 않습니다. 하면 좋을 일들이 있기는 하지만, 결정은 언제나 나에게 달린 것입니다. 인생이라는 모험에서 우주는 언제나 나의 편입니다!

나는 삶의 물결 위를 애씀 없이
편안하게 흘러갑니다.

사랑스럽고
행복한 꿈을 꿀 수 있도록,
밝고 좋은 것만 보세요

나는 잠자리에 들기 직전에는 뉴스를 보거나 듣지 않습니다. 뉴스는 대체로 끔찍한 사고들로 가득하지요. 나는 그 사고들을 나의 꿈속으로까지 끌어들이고 싶지 않습니다.

그리고 잠자리에 들기 전, 나는 편안한 잠을 위해 마음을 정돈하는 나만의 준비 과정을 거칩니다. 다음과 같은 말들을 나에게 들려줄 수도 있습니다.

"나의 세상은 어디나 안전해. 내가 잠드는 어두운 밤에도 나는 안전해. 오늘 고민하는 일은 내일 저절로 해결될 거야. 나는 꿈에서 문제의 해답을 얻을 수 있어. 내가 꾸는 꿈은 기쁘고 신나는 꿈일 거야. 나는 아침에 깨어나는 것이 좋아."

조용히 이불을 덮은 채, 나는 몸을 누인 편안한 침대를 비롯해 내가 받은 수많은 축복에 감사합니다. 꿈을 꾸다 깨어난다면, 나는 그 의미를 가르쳐 달라고 꿈에게 요청할 것입니다. 내 마음의 활동은 이렇게 매일, 눈을 뜨기도 전에 시작됩니다.

나의 잠자리는 세상에서
가장 안전한 장소입니다.

능숙한 운전자인 동시에,
다정한 승객이 되어 주세요

운전은 나에게 안전하고 기분 좋은 경험입니다. 나는 내 차를 돌보고 내 차는 나를 돌봅니다. 내가 어딘가로 갈 준비가 되면, 내 차도 나를 태우고 갈 만반의 준비가 됩니다. 나 못지않게 내 차를 사랑하는 훌륭한 정비 기술자도 있으니, 나는 안심합니다. 차에 탈 때마다 나는 차 안을 사랑으로 가득 채우며, 사랑이 언제나 나와 함께 달립니다. 그리고 길 위를 운전해 나아가는 사람들은 모두 함께이기에, 나는 길 위의 다른 운전자들에게도 사랑을 보냅니다. 사랑이 나보다 먼저 나아가 목적지에서 나를 맞이합니다. 나는 언제나 안전하며 신의 가호를 받습니다.

나는 내가 타는 차에 사랑을 보냅니다.

당신이 경험하게 되는

모든 나이를

사랑으로 맞아 주세요

20세기 초반 우리의 평균 수명은 49세였습니다. 오늘날의 평균 수명은 85세입니다. 앞으로의 평균 수명은 125세가 될 수도 있다고 합니다. 노년의 삶에 대한 시각을 바꿀 때가 온 것이지요.

나는 세상을 떠날 때 병든 몸으로 외로움과 두려움 속에 살다 떠난다는 노후의 고정관념을 더는 받아들이지 않기로 합니다. 내 건강을 스스로 책임지는 법을 배워 나가니, 요양원은 필요 없습니다. 나는 노년을 바라보는 시각을 스스로 선택하여, 지난 그 어떤 세대가 살았던 노년보다도 멋지고 즐거운 노년기를 만들어 나갈 것입니다. 이 생의 마지막 날까지 활기차고 명랑하고 건강하고 생기 가득하고 세상에 기여하는 존재로서 나 자신을 바라볼 것입니다. 나는 젊은 사람들에게 존경받는 멋진 어른이 되는 것을 스스로에게 허락합니다. 나이가 몇 살이든 온전히 생을 누릴 수 있음을 보여 주는 본보기가 될 것입니다. 나는 이 사회에 기여할 수 있고, 다음 세대를 위해 세상을 더 좋은 곳으로 만들 수 있는 능력이 있습니다.

나는 생의 매해를 기쁘게 맞이합니다.

애쓰며 수고롭게 일하지 않아도,
당신은 충분히 넉넉한 **수입**을
가질 수 있습니다

내가 나의 상위자아 Higher Self 의 지혜를 수용할 때, 상위자아도 나를 수용해 줍니다. 우리의 내면에는 정말로 멋지고, 근사하면서도 강력한 에너지로 된 영혼이 존재하고 있습니다. 그 존재는 바로 우리의 상위자아입니다. 상위자아는 직업적인 면에서 넘치도록 나를 축복해 줍니다. 하루도 똑같은 날은 없습니다. 그날 그날 나는 새롭고 다양한 경험을 합니다.

살아남기 위한 투쟁을 내려놓고 나는 깨달았습니다. 나는 그동안 정말 다양한 방법으로 의식주를 해결해 왔죠. 먹고, 마시고, 옷 입고, 잠잘 수 있는 집, 모든 것이 이미 넘치게 주어져 있었습니다. 나도, 다른 사람도 돈을 벌기 위해 직장에서 일부러 힘들게 지낼 필요는 없습니다. 오직 상위자아가 전해 주는 영감과 지혜에 귀를 기울이고, 그 내용을 행동으로 옮기기만 하면 됩니다. 우리는 교통 체증과 경쟁으로 매일 달리기 시합을 하는 것처럼 직장에서 분투하며 살지 않아도, 충분히 돈을 벌 능력이 있습니다. 나에게 필요한 재능은 오직 '긍정적인 생각'뿐입니다.

나는 긍정적인 생각과 함께 일합니다.

자기 사랑에서
우러나오는 긍정적인 에너지로,
당신은 어떤 문제든
해결할 수 있습니다

나는 즐거운 일을 함으로써, 나의 에너지를 자유롭게 합니다. 나는 내 삶에 흐르는 사랑의 에너지를 느낍니다. 그 사랑 앞에서는 나를 지치게 하는 원망마저 녹아 없어집니다.

피곤할 때 나는 쉽니다. 가끔은 아무 것도 하지 않는 시간을 스스로에게 허락합니다. 오늘 나의 에너지는 밝게 빛나며 평화롭습니다. 나는 일상 속에서 자연스럽게, 즉흥적으로 웃고 노래하고 춤춥니다. 나는 신의 계획에 내가 포함되어 있다는 것을 압니다. 나는 내면에 낙관적이고 명랑하며 사랑을 품은 생각들이 싹트고 뿌리내리고 성장할 수 있는 공간을 마련합니다. 그리고 내 긍정적인 태도를 거름 삼아 그 생각들이 쑥쑥 자라나게 합니다.

나는 긍정적인 에너지로 가득합니다.

이 우주의

모든 좋은 것들이

당신을 찾아올 수 있습니다

나는 매일 아침 사랑을 떠올리며 눈을 뜹니다. 현실이 어떠하든 지금 나는 완벽하고 완전하며 모든 것을 이루었다고 즐겁게 상상합니다. 필요한 것을 얻으려면 반드시 고생해야 하고, 나를 혹사해야 한다는 믿음은 버리고, 세상 모든 좋은 것들이 나에게 쉽게 올 수 있다는 믿음을 가집니다. 나는 내가 필요로 하고 원하는 모든 것이 완벽한 때와 장소에서 나에게 찾아올 것임을 알고 있습니다. 우주가 내 편임을 알기에 내 마음은 평화롭습니다. 나는 내 안의 성숙한 자아와 같은 눈높이로 세상을 보고, 모든 경험에서 즐거움을 발견하며 살아갑니다.

나는 깨달음의 여정을 쉬지 않습니다.

타인의 경제적 풍요를 축복하며

기쁘게 바라보세요

우리 모두가 모자람 없이

풍요를 누릴 수 있습니다

의식 상태에 따라 나는 얼마든지 풍요로움을 누릴 수 있습니다. 우주의 무한한 지성은 언제나 내게 긍정의 메시지를 보내고, 나는 세상의 모든 좋은 것들을 향해 긍정의 메시지를 보냅니다. 뉴욕의 유명한 설교가인 아이크 목사는 가난한 목사이던 시절, 고급 레스토랑과 아름다운 집과 화려한 자동차들의 곁을 지날 때면 소리 내어 "저것은 내게도 올 거야. 나도 저것을 가질 수 있어!"라고 말했다고 합니다.

풍요로움을 발견하면 나는 소리 내어 축복하고, 그것이 내 인생에도 들어올 수 있게 마음에 공간을 마련해 둡니다. 이미 가진 것에 감사하면 그것은 더 많이 내 삶을 찾아옵니다. 경제적 부유함뿐 아니라 재능이나 능력, 건강도 그렇습니다. 나는 세상 어디에서건 풍요로움을 발견하고 기뻐합니다!

나는 풍요로운 사람을 보면 축복할 수 있습니다.
그들에게 보내는 축복이
나의 삶에 거울처럼 반영됩니다.

당신이 속한 세상의
지평을 넓혀 가세요
모든 한계가
스르르 사라질 것입니다

인 생은 정말로 자유롭고 쉬운 것입니다. 어렵고 한계 투성이이며 부끄러울 일 많고 별 볼 일 없는 건 인생이 아니라, 나의 사고방식입니다. 한계를 만드는 사고방식을 붙드는 대신 마음을 활짝 열어 새로운 생각을 품기로 할 때 나는 성장하고 변화할 수 있습니다.

그런데 혹, 지금까지 내가 경험한 세상이 이 세상의 전부라고 믿고 있나요? 이미 다 안다고 생각하는 태도를 가지면 앞으로 발전도, 새로움도 기대하기 어려울 것입니다. 또 보이는 내가 나의 전부라고 생각하나요? 그렇게 믿는다면 두려운 마음이 드는 것도 당연합니다. 그러나 내가 경험한 세상은 이 세상의 극히 일부에 지나지 않으며, 나의 모습 또한 보이는 것이 전부가 아닙니다. 이 우주에 나보다 훨씬 거대하고 현명한 힘과 지성이 존재하고, 그 힘과 지성이 나의 편이라는 것을 알 때 나는 비로소 인생을 마음 편히 즐길 수 있습니다.

나의 인생은 자유로우며 쉽습니다.

돌려받기를
기대하지 말고,
조건 없이 사랑을
베풀어 보세요

나는 이 순간 있는 그대로 나 자신을 사랑합니다. 그렇게 할 때 위장이 편안해지고 목과 등의 근육은 부드럽게 이완됩니다. 나는 한때 나 자신을 사랑하고 받아들이기를 거부했습니다. 날씬해야만, 특정 직업이나 연인, 돈, 혹은 다른 그 무언가를 가져야만 비로소 나 자신을 사랑하고 받아들일 수 있다고 믿었지요. 그러나 막상 살을 뺀 후에도 나는 여전히 자신을 사랑할 수 없었고, 오히려 사랑받기 위해 내가 해야 할 일의 목록을 더 만들고 있었습니다.

오늘 나는 사랑받으려면 충족시켜야 한다고 믿었던 조건들을 모두 버립니다! 이 순간 정말 많은 것이 변화합니다. 나는 있는 그대로의 자신이 되는 후련한 기분을 만끽하겠습니다.

나는 지금 모습 그대로도 괜찮습니다.

가족은 이번 생의 깨달음을 위해
선택된 사람들입니다

나는 생존해 있는 가족, 그리고 이미 세상을 떠난 가족, 모두에게 사랑을 보냅니다. 우리는 가족을 통해 의미 있고 멋지고 조화로운 경험들을 하고 있습니다. 나는 시간을 초월하여 하나가 되는 이 조건 없는 사랑에 동참할 수 있어 한없이 감사합니다. 나보다 먼저 세상에 온 선조들은 당신들의 지식과 지혜를 총동원하여 최선을 다하였고, 아직 태어나지 않은 다음 세대들은 그들에게 주어질 지식과 지혜로 최선을 다해 자신들의 문제를 풀어나갈 것입니다.

나는 내가 할 일이 무엇인지를 점점 분명히 깨닫습니다. 그것은 낡은 한계를 뒤로 하고 무한한 조화로움에 눈을 뜨는 것입니다. 나에게 가족 공동체는 관용과 이해심을 실천하는 기회의 장입니다.

나는 살아있는 모든 존재를 가족으로 삼습니다.

이 우주의 어디에서나 당신은

절대적으로 **안전**합니다

어떤 순간에든 나는 사랑과 두려움 중 한쪽을 선택할 수 있습니다. 두려움에 압도될 것 같으면 나는 태양을 기억합니다. 태양은 구름이 가끔 그 빛을 가릴지라도 항상 빛나고 있지요. 하나의 무한한 힘이 마치 태양처럼 영원한 빛을 나에게 비추어 주고 있습니다. 부정적인 생각의 구름에 잠시 가려지더라도 나는 그 빛을 기억하기로 합니다. 그 빛을 받으며 나는 안전함을 느낍니다. 그리고 다음에 두려움이 다가올 때, 나는 그 두려움을 하늘에 흘러가는 구름처럼 바라볼 것이고, 그러면 두려움은 언제 그랬냐는 듯 지나가 버릴 것입니다.

나는 두려움과 나를 동일시하지 않습니다. 또한 나는 항상 자신을 보호하고 방어하는 긴장된 마음으로 살지 않아도 괜찮습니다. 나는 내면의 일이 무척 중요하다는 것을 알기에, 매일 내 마음과의 조용한 소통으로 하루를 시작합니다. 두려움이 느껴지면 나는 마음을 열어, 사랑으로 그 두려움을 몰아냅니다.

나는 안전합니다.

신성한 우주의 지성 안에 머무는 한,
당신은 길을 잃지 않습니다

길을 잃고 헤매는 것 같거나, 중요한 무언가를 잃어버린 것 같은 느낌일 때, 나는 두려움에 찬 생각을 멈추고 내면에 귀를 기울입니다. 내면의 지성은 신의 눈으로 보면 그 무엇도 상실 되는 일이 없다고 말하고 있지요. 이 지성은 어디에나, 주변 모든 것들 속에 있습니다. 내가 찾는 것들 속에 있고 이 순간의 내 마음 속에도 있습니다.

나는 이 유일한 지성이 완벽한 때와 장소를 통해 내가 구하는 바를 가져다준다는 것을 믿습니다. 그러니 나는 결코 방황하지 않 습니다. 나는 하루에도 몇 번씩, 나 스스로 만든 한계들을 털어버 리고 진짜 나 자신이 누구인지를 기억해 냅니다. 나는 사랑을 품 은 무한한 지성이 창조해 낸 신성하고 멋진 존재입니다. 그러므로 모든 것이 다 괜찮습니다.

나는 이 우주를 돌보는 신성한 힘에 의지합니다.

감정은

어떤 생각을 선택하느냐에

달려 있습니다

당신은 이전과 다른 선택을 하고,

다른 경험을 만들어 갈 수 있음을

기억하세요

많은 사람들이 스스로의 감정에 대해 비판합니다. 화를 내고 있으면서도, 화를 내서는 '안 된다'고 생각하는 것입니다. 그러나 아픔을 느낄 수 있어야 치유할 방법도 찾을 수 있으니, 나는 내 감정을 억압하지 않고 있는 그대로 느끼겠습니다.

감정을 그대로 표출하면서도 누구도 다치지 않게 하는 방법들이 있습니다. 베개를 주먹으로 칠 수도 있고, 차 안에서 혼자 소리를 지를 수도 있고, 힘껏 달리거나, 테니스처럼 격렬한 운동도 할 수 있습니다. 그리고 거울 앞에 서서 화가 난 대상이나 나를 상처 준 사람, 또는 내가 두려워하는 사람과 열띤 대화를 할 수도 있습니다. 그들이 내 앞에 서 있다고 상상하고 거울을 들여다보며 내 진짜 감정을 솔직하게 말합니다. 그렇게 모두 털어놓고 난 후 "그래, 이제 됐어. 이제 너를 놓아 줄게."라고 말합니다. 그리고 나서 스스로에게 이렇게 질문하며 마무리합니다.

"자, 나 자신에 대한 어떤 믿음 때문에 나는 이런 감정을 느낀 것일까? 매번 이렇게 분노를 느끼지 않으려면 나의 어떤 생각을 바꾸어야 할까?"

나는 경험에서 소중한 것을 배우고
앞으로 나아가는
나 자신을 다정하게 격려합니다.

당신은
경제적인 여유를
누릴 것입니다

나는 신문과 경제 전문가들이 무어라 하든, 나의 수입이 지속적으로 성장 곡선을 그릴 수 있다고 믿습니다. 나는 경제 관측에 크게 영향 받지 않을 것이며, 머지않아 현재의 수입을 넘어설 것입니다. 내가 얼마나 성공할 수 있는지, 무엇을 할 수 있고 없는지에 대하여 남의 판단에 의존하지 않습니다.

나는 편하게 내 부모님의 소득 수준을 뛰어넘을 것입니다. 재정에 대한 나의 의식은 끊임없이 넓어집니다. 그리하여 삶을 깊이 있게, 풍요롭게, 편안하게, 아름답게 살 수 있는 방법에 대한 새로운 아이디어들을 계속 흡수합니다. 나는 차고 넘치는 재능이 있고, 그 재능을 이 세상과 나누는 일에 행복을 느낍니다. 나는 느끼지 않아도 좋을 부정적인 감정들은 뒤로 한 채, 완전히 새로운 차원의 재정적 안정에 점차 가까워집니다.

어떤 변화가 오더라도,
나의 재정 상태는 변함없이 안정적입니다.

세상을 바꾸기 위해 필요한 건,
오직 당신의 사랑입니다

나는 매일 아침 거울 속 나와 눈을 마주칩니다. 그리고 "있는 그대로의 너를 사랑해."라고 말하는 데 점점 익숙해집니다. 내 삶은 애써 고치려 하지 않아도 언제나 자연스레 발전하는 중입니다.

나는 한때 무엇이든 교정하려 드는 사람이었습니다. 인간관계, 은행 계좌, 상사와의 관계, 건강, 나의 창조성까지 모두 고치려 했습니다. 그러던 어느 날, 나는 마법을 발견했습니다. 내가 내 모든 부분을 진실로 사랑할 수 있다면 믿기 어려운 기적들이 삶에 일어난다는 것입니다. 그 생각을 받아들이고 이전까지 늘 신경 쓰며 뭔가를 고치려던 습관을 내려놓으면서, 결국 나의 어디에도 고쳐야 할 부분이란 없음을 발견하게 되었습니다.

이제 단점에 집착하던 나의 습관은 사라집니다. 나는 자신을 온전히 사랑합니다. 그리고 내가 필요로 하고 원하는 모든 것은 우주가 가져다주리라 믿습니다.

자신에 대한 사랑이
나의 마법의 지팡이입니다.

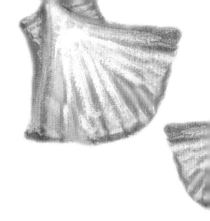

음식을 당신의 몸에 영양분을 주는
좋은 친구로 여겨 보세요

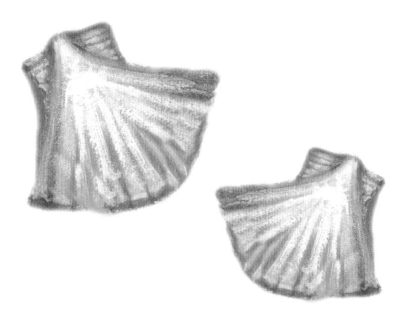

식당, 캠프장, 산과 바다, 회사의 휴게실 어디에서든 영양가 있는 좋은 음식을 먹는 것은 커다란 즐거움입니다. 나는 자신을 사랑하기에 내가 먹는 음식이 무엇으로 만들어졌고 내 기분을 어떻게 만드는지에 관심을 기울입니다. 음식을 먹는 것은 몸에 에너지를 내는 연료를 주입하는 것과 같습니다. 사람마다 체질이 다르기에, 나는 어떤 음식을 먹었을 때 최고로 건강해지고 기운이 나는지를 주의 깊게 관찰합니다.

가끔씩 패스트푸드를 즐기는 것도 괜찮지만, 오늘날 너무 많은 사람들이 영양분이 거의 없는 탄산음료와 케이크, 인스턴트 가공식품에 의존하여 살아갑니다. 나는 영양소에 관한 기본적인 지식을 쌓으며 즐거움과 힘을 얻습니다. 그리고 천연 재료로 좋은 음식을 맛있게 조리하여 즐기며 먹을 것입니다.

나는 몸에 좋은 음식을 잘 챙겨 먹고,
내 몸을 잘 돌봅니다.

당신이 가는 곳

어디에나

용서라는

치유의 도구와

통행하세요

비난과 두려움, 죄책감, 분노, 수치심과 같은 감정들을 벗어 버릴 때 나는 한없이 자유로워집니다. 그러니 나는 지난 일을 둘러싼 나의 응어리를 기꺼이 놓아버리려 합니다. 더는 과거 속에 머물지 않을 것입니다. 힘든 감정들을 그토록 오랫동안 지고 다닌 것에 대해서 나 자신을 용서합니다. 나 자신과 다른 사람들을 사랑하는 방법을 찾지 못했던 것에 대해서도 나를 용서합니다.

사람은 자신이 세상에 주는 것을 그대로 돌려받기에, 각자의 행동에 스스로 책임을 져야 합니다. 그러니 나는 그 누구도 벌주려 할 필요가 없습니다. 나를 포함해 모두는 양심의 법에 따라 살고 있습니다. 나는 내 마음에서 미처 용서하지 못한 부분을 돌보고, 그 자리에 사랑이 흘러들어오게 할 것입니다. 그러면 나는 치유됩니다.

나는 기꺼이 용서하려 합니다.

당신을 좀 더 굳세게 해주는

새로운 선택을 해보세요

내가 어떤 생각을 품을지는 마음의 주인인 나만이 결정할 수 있습니다. 그렇기에 그 누구도, 그 무엇도, 내가 허락하지 않는 한 나를 지배하지 못합니다. 나의 생각을 결정하는 엄청난 자유는 오직 내 손 안에 있습니다.

나는 불평하거나 자신과 다른 사람들에게 화를 내는 대신, 삶을 긍정적으로 바라보는 쪽을 택할 수 있습니다. 내가 가지지 못한 것에 대해 불평할 수 있지만, 그런다고 상황이 바뀌는 건 아니지요. 나는 부정적인 상황에 놓이더라도 "이런 경험을 불러온 나의 사고방식을 이제는 바꾸어야겠어."라는 식으로 긍정적인 다짐을 할 수 있습니다. 비록 내가 과거에 현명하지 못한 선택들을 했다고 해서, 내가 나쁜 사람이 되는 것은 아니며 새로운 선택을 할 수 없다는 뜻도 아닙니다. 나는 언제나 새로운 시야로 삶을 바라보기를 선택할 수 있습니다.

나에게는 언제나
생각을 선택할 자유가 있습니다.

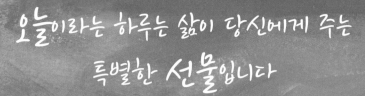

오늘이라는 하루는 삶이 당신에게 주는
특별한 선물입니다

感사하는 마음과 허용하는 마음은 내 삶에 기적을 끌어당기는 강력한 자석입니다. 누군가 나를 칭찬하면 나는 미소를 지으며 고맙다고 인사합니다. 칭찬은 풍요의 선물이기에, 나는 그 선물을 우아하게 받아들이는 법을 배우는 중입니다. 나에게 주어진 오늘 또한 삶이 주는 신성한 선물입니다. 나는 두 팔을 펼치고 우주가 선물하는 풍요로움을 한껏 받아들입니다. 밤낮 어느 때고 나는 우주의 선물을 받아들일 수 있습니다.

때때로 나는 우주가 주는 선물을 받기만 할 뿐 그것을 되돌려 줄 방법이 없다는 것을 압니다. 그처럼 형편상 내가 갚을 길이 전혀 없는 걸 알면서도 나를 많이 도와주었던 사람들이 있습니다. 하지만 그 상황을 벗어난 후에는 나도 다른 사람들을 그렇게 도와줄 수 있었고, 삶이란 원래 그렇게 돌고 도는 것이겠지요. 나는 긴장을 풀고 지금 이곳, 이 순간에 있는 풍요로움을 만끽합니다.

나는 언제나 삶이 주는 선물을
기쁘게 받습니다.

107

당신이 믿기로 한 신은

어떤 존재인가요?

사랑으로 가득한 신의 존재를

믿어 보세요

나는 세상의 진짜 모습을 볼 수 있습니다. 나는 신이 그러하듯, 사랑의 눈으로 세상을 보는 쪽을 선택합니다. 무한한 권능과 지성을 지닌 채 세상 모든 곳에 존재하는 신이기에, 나는 이 우주 만물이 존재하는 이유가 실로 신의 사랑임을 깨닫습니다. 신의 사랑은 나를 둘러싸고, 내 안에 살고, 나보다 먼저 가서 나의 길을 평탄히 닦아 줍니다. 나는 우주의 사랑받는 자녀이며 우주는 지금도 그러하듯 앞으로도 영원히 나를 사랑으로 돌보아 줄 것입니다. 무언가가 필요할 때, 나는 나를 창조한 그 힘에게로 향합니다. 필요한 것을 요청하며 나는 그것을 받기 전에 먼저 고마워합니다. 내가 요청한 그것이 나에게 가장 완벽한 때, 완벽한 장소에서 주어질 것을 알기 때문입니다.

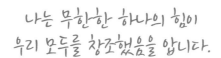

나는 무한한 하나의 힘이
우리 모두를 창조했음을 압니다.

늘 좋은 소식을 전하는
사람이 되세요

소문을 퍼뜨리거나 험담을 하는 것이 관련된 모든 사람들에게 얼마나 해로운 일인지를 알게 된 후, 나는 그런 이야기는 일체 입에 담지 않기로 했습니다. 나는 주변 사람들에 대해 좋게 이야기해야 한다는 것을 배웠습니다. 그렇게 하면 세상을 다스리는 법칙에 따라, 그 사람들 역시 나에 대해 좋게 말할 것이며, 좋은 파동이 언제 어디서나 나와 함께할 것입니다.

나는 다른 사람들을 배려하며 깊이 생각해 보는 것을 좋아하고, 사람들의 마음을 고양시키고 영감을 주는 대화를 나눌 수 있을 때 무척 행복합니다. 세상은 주는 대로 되돌려 받는 곳임을 알기에, 나는 말을 할 때는 주의를 기울입니다. 혹시라도 남에 대한 좋지 않은 이야기를 듣게 되면 다른 사람에게 전하지 않습니다. 반대로 좋은 이야기를 들으면 모두에게 전하지요.

나는 의사표현을 분명하게 하고,
내 뜻을 잘 전달합니다.

사랑하는 사람과의 헤어짐을
있는 그대로 받아들이세요

소중한 이가 세상을 떠난 후 깊은 슬픔에서 회복하는 데는 시간이 필요합니다. 나는 시간이 얼마나 걸리든 내가 이 자연스럽고 당연한 인생의 과정을 잘 겪어 낼 때까지 스스로를 기다려 주고, 혼자만의 시간도 충분히 가질 것입니다. 자신만의 방식으로 애도의 과정을 겪어 나가도 괜찮습니다.

슬픔이 가시려면 1년은 지나야 합니다. 그 사람이 세상을 떠난 후 처음으로 맞는 특별한 날과 기념일을 거쳐야 하니까요. 나는 이제 깨닫습니다. 그 누구도 소유의 대상이 될 수 없기에, 그 사람을 잃어버린다는 것은 처음부터 불가능한 일이었음을 말입니다. 그리고 스쳐 지나가는 삶의 찰나 속에서 나는 그의 영혼과 다시 만날 것입니다. 나를 포함해 살아 있는 모든 것은 언젠가 세상을 떠납니다. 나무도 동물도 새도 강도 별들조차도 태어나고 죽습니다. 그리고 그 모든 일들이 일어나는 시간과 장소는 저마다 완벽합니다. 정말로 모든 것이 괜찮습니다.

나는 이별의 고통을 자연스럽게 잘 극복합니다.

죄책감을 느끼게 만드는 사람은

멀리하세요

당신도 누군가에게

죄책감을 느끼게 하지 마세요

자유는 소중한 것입니다

어린 시절에 어른들은 우리 마음에 죄책감을 줌으로써 필요한 행동을 가르치려 했습니다.

"그런 행동 하면 큰일 나. 그런 말 하면 안 돼. 그러면 혼나! 하지 마!"

종교 역시 사람들에게 규율을 지키게 하려고 죄책감을 이용합니다. 악하거나 그릇된 행동을 하면 심지어 지옥에서 불에 타는 형벌을 받을 것이라고 으름장을 놓지요. 그러나 나는 교회와 교회의 권위자들을 용서합니다. 부모님과 나 자신도 용서합니다. 우리 중 많은 사람이 죄책감이라는 무거운 짐을 지고는 무얼 해도 만족스럽지 못한 느낌으로 살아갑니다. 그러나 이제부터는 새로운 날이 시작될 것입니다. 조건 없이 자신을 사랑하고 수용함으로써 원래 나의 힘을 되찾을 수 있습니다! 나는 자신을 조건 없이 사랑하고 받아들이며 새 삶을 시작합니다.

나는 나 자신을 있는 그대로 사랑하고 받아들입니다.

당신은 지금 그대로도
아주 **멋진 사람**입니다

두 통의 원인이 되는 사고방식 중 하나는 습관적으로 자신이 무언가 잘못했다고 생각하는 것입니다. 또 머리가 아파 오면 이번에는 스스로에게 물어볼 수 있습니다.

"나는 지금 내가 무엇을 잘못했다고 생각하는 걸까? 무슨 행동을 이유로 나는 스스로를 벌주고 있는 걸까?"

나는 이제 내 마음속의 목소리에 귀 기울이는 법을 배웠기에, 내가 부족하다거나 무언가를 잘못하고 있다는 부정적인 생각이 들면, 그건 단지 어린 시절의 경험들로 인한 습관적인 생각에 지나지 않음을 알아챕니다. 그리고는 나 자신과 내면아이에게 사랑을 담은 따뜻한 말을 건네기 시작합니다. 비난으로 자신을 몰아부치는 대신, 나는 사랑과 응원을 담은 생각들로 마음을 튼튼하게 합니다. 그리고 주변에서 압박감이 느껴질 때면, 나는 그 압박에 눌리지 않고, 그것에 영향 받지 않는 방법을 터득해 갑니다. 나는 나 자신에게 계속 잘했다고, 잘할 것이라고 말해 줍니다.

나는 언제나 나에게서
긍정적인 면을 발견합니다.

당신의 몸은 *균형*을 이루고 있으며,

건강하고, 행복합니다

정말로 그렇습니다

나는 우주에 존재하는 모든 종류의 치유 에너지에 대하여 마음을 열고, 받아들입니다. 내 몸의 세포들은 스스로 나을 수 있는 지혜를 갖고 있습니다. 내 몸은 언제나 가장 건강한 상태를 지향해 갑니다. 나는 이제 완벽한 치유를 가로막는 모든 장애물을 흘려보냅니다. 나는 영양에 대한 지식을 배우고, 내 몸에 유익하고 건강한 음식물을 섭취합니다.

나는 생각에 주의를 기울여 오직 건강에 도움이 되는 생각만 할 것입니다. 내 마음은 증오, 질투, 분노, 화, 자기연민, 수치심, 죄책감과 같은 생각들이 완전히 제거되어 맑아집니다. 나는 내 몸을 사랑합니다. 나는 내 몸의 뼈, 근육과 같은 모든 기관에 사랑을 보냅니다. 그리하여 내 몸의 세포 하나하나마다 사랑이 넘쳐 흐르도록 하겠습니다. 나는 젊음과 건강을 누리게 해 준 내 몸에 감사를 보냅니다. 나는 지금 이 순간에도 계속 건강을 허용합니다.

나는 항상
최상의 건강 상태를 유지합니다.

다른 사람을 사랑하는 것은,
당신의 모든 가능성을 여는 일입니다

내가 가진 모든 창조의 힘은 곧 나를 창조한 힘으로부터 받은 것입니다. 이 하나의 힘은 내가 이 세상에서 지고의 선善을 표현하고, 경험할 수 있기를 바라고 있습니다. 나는 내면의 진실된 자아의 가치를 소중히 여기며, 이 참자아가 모든 것을 다스릴 수 있도록 하겠습니다. 이렇게 함으로써 나는 진정한 자기 사랑을 실현하게 되겠지요. 이 과정을 통해 나는 자유, 기쁨, 예상치 못했던 일상의 기적과 같은 더 큰 가능성으로 초대될 것입니다. 내가 추구하는 지고의 선 안에는 타인의 행복도 포함됩니다. 모든 이의 행복을 위하는 것이야말로 진정한 사랑의 행동이니까요.

나는 삶의 목적을 위해 헌신합니다.

휴일의 의미를 되새기며
특별히 더 감사하는 시간을

가져 보세요

종교의 휴일, 혹은 국경일 같은 날 우리는 가까운 사람들과 삶을 돌아보며 축하하는 시간을 가지곤 합니다. 나는 그런 휴가마다 내면의 목소리를 따라서 내가 있어야 할 장소와 시간에 가장 알맞은 일을 하며 그 날을 보냅니다. 파티에서 사람들과 어울려 즐겁게 지내기도 합니다.

그리고 나는 어떻게 하면 즐겁게 시간을 보낼 수 있을지, 또 파티에 모인 사람 모두가 어떻게 즐겁고 안전한 시간을 보낼 수 있는지도 압니다. 휴일마다 다양한 축복의 의미가 담겨 있으니, 이런 날엔 더 많이 웃고, 더 많이 감사하는 시간을 가질 것입니다. 내면 아이와 연결하여 둘만의 특별한 일을 할 수도 있습니다.

나에게 주어진 매일이 성스러운 날입니다.

128

마음속 내면의 집에
아름다움과 평온을 채워 보세요

현실에서 휴식을 취하는 집이 있듯이, 마음속에도 집이 있습니다. 내가 이동할 때 현실의 집은 같이 이동할 수 없지만, 마음의 집은 가는 곳이 어디든 나와 함께 이동합니다. 나를 사랑하는 것은, 자신에게 언제든 머물 수 있는 안락하고 편한 집을 제공하는 것과 같습니다. 우리 몸은 집에 있을 때 가장 편안하지요. 자기를 사랑할 때 마음도 그렇게 쉴 수 있습니다.

현실에서도 집은 나의 가치관과 내가 나를 어떻게 생각하고 느끼는지를 그대로 반영합니다. 집에 온갖 잡동사니로 어지럽혀진 장소가 있고 어떻게 감당해야 좋을지 알 수 없을 때, 나는 그 방의 가장 구석진 자리부터 청소를 하기 시작합니다. 청소를 할 때는 잡동사니로 어지러운 내 마음도 함께 청소한다고 생각합니다.

"나는 한 번에 하나씩 변화시켜 갈 거야. 그러다 보면 언젠가 전부 깨끗이 정리되는 날이 오겠지."

집의 상태는
곧 내 마음이 어떤가를 반영합니다.

삶의 잡동사니들을
계속해서 치워 나가세요

나는 집안일을 할 때 놀이처럼 합니다. 마음 내키는 곳에서부터 시작해서 방마다 옮겨 다니며 제대로 솜씨를 발휘하지요. 쓰레기는 가볍게 던져 버리고, 아끼는 물건에 쌓인 먼지를 털어 내고 반짝반짝 광을 냅니다.

우리에게는 특정한 믿음들이 있습니다. 이 믿음들은 너무나 오래되고 익숙한 의자와 같아서, 우리는 계속해서 이 오래된 믿음 위에 자리를 잡곤 합니다. 나는 내 믿음이 현실을 창조한다는 것을 알고 있습니다. 그리고 이 믿음들 가운데는 나에게 도움을 주는 근사하고 멋진 것도 있지요. 하지만 나를 불편하게 하는데도 그저 오래되었다는 이유로 버리길 주저하는 의자 같은 믿음도 있습니다. 진심으로 나는 그런 믿음도 내다버릴 수 있다는 것을 깨닫습니다. 그리고 나는 삶의 질을 훨씬 낮게 만드는 새로운 믿음을 선택할 수 있습니다. 비유하자면 집안대청소와 같지요. 지금 머무는 집에서 계속 살겠다면, 너무 더러워지기 전에 주기적으로 대청소가 필요하듯이요.

나는 육체와 정신의 집 모두를 깨끗이 하며
사랑으로 채울 것입니다.

많이 웃으세요

유머를 사랑하세요

잠재의식은 유머감각이 없습니다. 자신에 대한 짓궂은 농담을 하거나 부정적인 평가를 할 때, 별 거 아니었다고 생각하지만 잠재의식은 그것을 이해하지 못합니다. 그래서 잠재의식은 글자 그대로 그 부정적인 상황을 끌어오기도 합니다.

내가 만약 다른 사람을 웃음거리로 만들거나 부적절하게 깎아내릴 때는 어떨까요? 그때 나는 "내가 세상에 내보낸 것들이 나에게 돌아온다."는 카르마의 법칙에 적용받을 것입니다. 그러므로 나는 우스갯소리, 농담이라도 사랑스럽고 현명하게 사용합니다. 세상에는 웃음을 자아내는 소재들이 얼마나 많은가요. 사람을 웃기겠다며 다른 누군가를 폄하하고 조롱하는 일은 절대 필요치 않습니다. 농담을 할 때도 나는 이 세상을 모두가 함께 잘 지낼 수 있는 좋은 곳으로 만드는 일에 협력하고 있음을 기억합니다.

나는 유머감각을 현명하게 사용합니다.

지식, 노동력, 먹을 것,
어떤 것도 좋습니다
당신이 가진 것을
이웃에게 나누어 주세요

배고픔과 가난과 고통의 시대는 지나가고, 모든 자원을 서로 나누는 공평함의 시대가 열리고 있습니다. 지구에는 글자 그대로 믿기 어려울 정도의 풍요가 넘쳐 납니다. 그런데 지구상의 모든 이들이 먹고 남을 법한 자원이 있음에도, 여전히 굶주리는 사람이 있습니다. 문제는 자원이 부족해서가 아니라, 사랑이 부족해서입니다. 또 의식의 문제도 있습니다. 결핍된 상태를 고수하는 의식 상태, 자신은 좋은 것을 가질 자격이 없다는 믿음도 문제입니다. 그래서 우리는 지구상 모든 사람의 의식 수준이 높아질 수 있도록 도와야 합니다. 배고픈 사람을 일시적으로 배불리 먹여 줄 수는 있지만, 의식의 변화가 따라가지 않으면 그 사람은 내일 또 다시 굶주릴 것입니다. 옛말에도 이르기를 배고픈 사람에게는 물고기를 줄 것이 아니라, 낚시하는 법을 가르쳐 주라고 했지요.

나는 지구상 모든 이에게 돌아갈 만한
풍족함이 있다는 것을 압니다.

면역체계를

강화하는 데 도움을 주는

긍정적인 생각을

선택하세요

사람은 의식 상태에 따라 특정한 생각을 선택하기가 쉽습니다. 예를 들어 "삶은 힘들어. 나는 고작 해야 남들이 모두 가진 후에 남은 것만 가질 수 있어."라거나 "뭘 해도 나한테는 좋지가 않아. 이렇게 한다고 해도 소용없을 거야."라고 믿는 사람이라면 그 사람의 면역체계에는 어떤 일이 생길까요?

면역체계는 그 사람의 생각과 감정을 반영합니다. 그래서 부정적인 믿음이 깊게 뿌리내린 사람의 면역체계는 약해져서 늘 세균 감염 등에 쉽게 노출됩니다. 반대로 "삶은 즐거운 것이야. 나는 사랑받을 만한 사람이고, 내 진실한 바람은 언제든 이루어져."라고 믿는다면 그 사람의 면역체계는 긍정적인 감정의 지원을 받을 것입니다. 나는 긍정적인 믿음을 가지며, 그러므로 어떤 질병이 온대도 쉽게 이겨낼 수 있습니다.

내 몸은 치유를 위한 지혜를 알고 있습니다.

내면을 치유하는 작업을 통해

당신의 삶은 더 나아질 것입니다

나는 보통 사람과 다를 게 없는, 이상한 신념과 콤플렉스들을 잔뜩 가진 단순한 사람입니다. 나는 밖으로 드러난 나의 개인적인 문제 너머에 존재하는 근원적 사랑을 찾는 여정 가운데 있습니다. 배우고 변해가는 과정에서 나 자신을 친절하고 인내심 있게 대하려고 합니다.

중요한 것은 변화를 불러오고 싶다면 자신을 못난 사람으로 보지 말라는 것입니다. 변화해야 한다고 생각하면서 나는 자신을 너무 오랫동안 부족하고 못난 사람으로 여겼습니다. 내가 못났으니까 바뀌어야 하는 게 당연하다고 믿지만 사실은 그렇지 않습니다. 그런 생각은 오히려 변화를 어렵게 합니다. 사랑으로 내 모습을 온전히 받아들일 때, 내가 바라는 긍정적인 변화가 더 쉽게 찾아옵니다. 그렇게 자연스러운 과정을 통해 삶은 한층 나아지게 됩니다.

나는 매일 삶을 더 좋게 만드는
새로운 지식을 배워 갑니다.

경제적 상황을 낫게 만들고 싶다면,

수입에 대한 현재의 믿음을

바꾸어 보세요

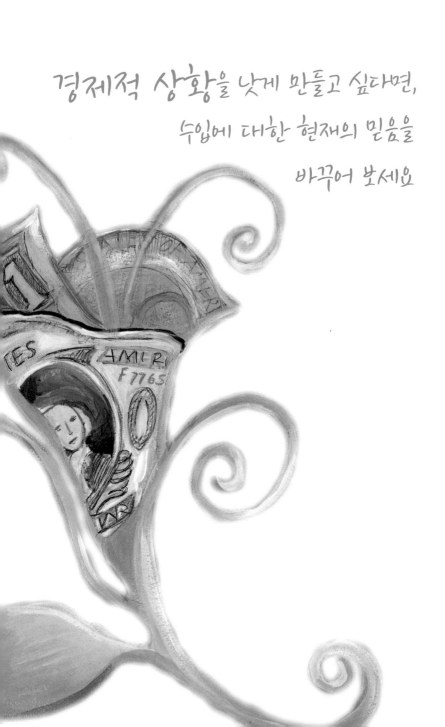

나의 수입은 나에게 완벽합니다. 매일 나는 새로운 수입원이 열리는 것을 발견합니다. 경제적 풍요는 다양한 형태와 다양한 경로로 옵니다. 풍요는 결코 제한받지 않습니다. 어떤 사람은 "나는 돈 들어오는 곳이 딱 정해져 있어."라는 말을 하며 자신의 수입원을 제한하곤 합니다. 하지만 그래야 한다고 정한 사람이 누구인가요?

누군가는 부모님 이상으로 돈을 벌 수 없을 것이라 여기거나, 부모님이 누린 경제 수준을 넘어서지 못할 거라고 믿기도 합니다. 무의식중에 부모님보다 뛰어나면 안 된다고 여기기 때문입니다. 그러나 부모님을 사랑하는 것과 부모님의 수입이나 경제 수준을 넘는 것은 다른 이야기입니다. 모든 사람의 수입은 무한한 우주의 지성으로부터 나옵니다. 수입은 믿음과 내가 얼마나 받을 만한 능력이 있느냐에 달렸습니다. 정말로 나 자신에게 얼마나 허용하느냐에 달린 것입니다. 나는 자신을 위하여 건강한 돈의 흐름을 받아들일 것입니다.

나는 내 수입을 사랑으로 축복하며
수입이 늘어나는 것을 보겠습니다.

당신은

당신만의 특성을 가진

독특한 영혼입니다

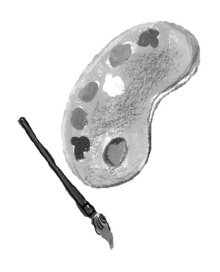

나는 내면에서 반짝이는 별을 따릅니다. 이 별은 반짝이며 내가 가는 길을 밝게 비추어 줍니다.

나는 너무나 고귀하고 소중한 존재입니다. 이런 나에겐 아름다운 영혼이 있고, 그를 둘러싼 몸이 있으며, 또한 인격이 있습니다. 가장 중심을 차지하는 것은 영혼입니다. 영혼은 나를 구성하는 부분들 중에서도 영원한 것이니까요. 영혼은 언제나 나와 함께 있었으며, 앞으로도 그럴 것입니다. 내 영혼은 여러 가지 성격을 가지고 있고, 앞으로 더 많은 성격을 가질 수도 있습니다. 영혼은 상처받지도 않으며 파괴되지도 않습니다. 그리고 영혼은 오직 삶에서 경험하는 것들에 의해서만 풍요로워질 수 있습니다.

삶에는 머리로 이해 가능한 것 이상의 무언가가 있습니다. 그에 대한 답을 모두 알기란 어려운 일입니다. 하지만 나 자신에게 삶을 이해할 수 있도록 허용해 주면, 나는 나의 힘과 에너지를 더 잘 사용할 수 있을 것입니다.

나는 이 세상에 빛이 되는 소중한 존재입니다.

마음을 열어

삶이 주는 가르침을

받아들여 보세요

우리는 저마다 무언가를 배우기 위해 여기에 왔습니다. 하나를 배우면, 그 다음 단계로 나아가게 됩니다. 그리고 모든 단계의 수업 이면에는 보이지 않지만 사랑이 존재하고 있습니다. 나는 지금 생각과 경험이 어떻게 서로 연관되는지 현재 나의 지식과 이해를 바탕으로 최선을 다하여 배웁니다. 삶이 나에게 주는 가르침은 변화하려는 의지와 관계가 있습니다. 나의 지고한 영적 자아는 불변하는 영원한 존재입니다. 그렇기에 변화는 에고ego를 가진 인간으로서의 일시적인 것입니다. 변화는 오직 현재 삶의 수업을 위해 필요합니다.

나는 변화를 쉽게 받아들이기로 선택합니다. 저항하고, 거부하고, 화내고, 담을 쌓고 숨어 버릴 수도 있겠지만 결국 우리는 깨달음을 거부할 수 없습니다. 그러므로 기꺼이 배우려는 태도가 도움이 됩니다.

나는 삶이 주는 신성한 가르침을
기꺼이 배우겠습니다.

하나의 문이 닫히면,

또 다른 문이 열립니다

자연은 진공을 싫어하는 성질이 있습니다. 그래서 빈 공간에는 무엇이든 채우려고 합니다. 우리 삶에서도 어떤 것이 떠나고 나면, 다른 무언가가 와서 그 자리를 대신하지요. 그러므로 지금 직장을 잃거나, 가까웠던 사람을 떠나 보낸 일도 그 자리를 대신할 훨씬 좋은 무언가가 올 거라는 신호로 볼 수 있습니다.

두려움에 사로잡히거나 앙심을 품는 대신, 마음을 열고 두 팔을 넓게 벌리며 이렇게 말해 봅니다.

"전보다 훨씬 좋은 일이 일어날 것 같아. 나는 삶이 나를 돌보아 준다는 것을 믿어. 나는 안전해."

그리고 변화를 기대하며 삶의 긍정적인 부분에 초점을 맞춥니다.

이제부터 내 삶에 새롭고 놀라우며
행복한 일들이 생겨납니다.

서로 나누는 **사랑**이 주는

큰 기쁨을 경험해 보세요

나라는 사람의 존재 깊은 곳 한 가운데에는, 무한한 사랑의 원천이 있습니다. 그 사랑은 절대 메마르지 않으며, 평생 모두 퍼내어 쓴다 해도 다 쓰지 못할 만큼 넘쳐 납니다. 그러므로 나는 인색하게 굴 필요가 없습니다. 사랑의 힘은 나를 관대하게 해 줍니다. 또한 사랑은 좋은 의미에서, 바이러스처럼 다른 사람에게 잘 전파됩니다. 사랑은 나누면 몇 배로 커져서 돌아오며, 주면 줄 수록 더 받게 됩니다. 나는 이 세상에 사랑을 나누기 위해 왔습니다. 처음부터 나는 사랑으로 충만한 상태였으니까요. 심지어 평생 사랑을 퍼 주고 이 세상을 떠날 때에도 나에겐 여전히 사랑이 남아 있을 것입니다. 더 사랑받길 원한다면, 더 많이 사랑을 주세요. 사랑은 그런 것입니다. 모든 존재가 그렇듯이.

나는 사랑으로 빛나는 존재입니다.

명상하는 시간의
소중함을 느껴 보세요

하루에 한 번씩 나는 조용히 앉아 깊게 숨을 들이쉬고 내쉬며 내면과 연결되는 시간을 가집니다. 나의 내면에는 불변하는 지혜와 지식이 머물고 있습니다. 명상을 하며 내면의 고요함과 연결될 때 나는 기쁨을 느낍니다. 방법은 어렵지 않습니다. 조용히 앉아서 눈을 감기만 해도 깊은 이완을 취할 수 있습니다. 잠시 후에는 현재로 돌아와서 재충전된 상쾌한 기분으로 그날의 남은 시간을 잘 보낼 준비를 합니다. 명상 가운데 나는 평화를 느끼며, 모든 것이 다 잘 되리라는 것을 압니다.

내가 간절히 바라는 고요함과 평온이
이미 내 안에 존재합니다.

당신 자신에게
사랑한다고 말해 주세요

나는 (___자기 이름___)를 사랑합니다.

나는 정말로, 진심으로 나를 사랑합니다.

나의 가장 소중한 친구인 나 자신과 더불어 삶을 즐기며 살
겠습니다.

살면서 어떤 일을 경험할지 모르지만, 나에 대한 사랑은 흔들리지
않을 것입니다.

우리는 함께 행복을 누릴 것이며, 삶은 점점 더 좋아질 것입니다.

나는 내 앞에 펼쳐진 새롭고 신나는 모험을 나 자신과 함께하겠습
니다.

그리고 내 삶을 사랑과 기쁨으로 가득 채워 가겠습니다.

내 삶에 모든 사랑이 하나 된 나 자신으로부터 시작합니다.

나는 나 자신을 온 마음을 다하여 사랑합니다.

나는 나 자신과
사랑을 담은 대화를 자주 나눕니다.

당신의 의식 속에는 언제나
풍요와 번영이 넘쳐 납니다

돈은 전적으로 교환의 수단입니다. 가치를 주고받는 한 형태이지요. 내가 삶에 무언가를 줄 때, 삶도 나에게 돈을 포함한 여러 가지 형태의 풍요를 돌려 줍니다. 나는 언제나 경제적으로 안정된 상태임을 확신합니다. 돈은 나의 친구이며, 나는 돈을 쉽게 끌어옵니다. 나는 빚이나 죄책감처럼 가난을 불러오는 부정적인 생각들을 멀리합니다. 나는 수입이 계속 늘어난다는 것을 알기에 지불해야 할 때는 기쁘고 감사한 마음으로 지불합니다. 나는 가는 곳마다, 하는 일마다 번영합니다. 나는 돈을 사랑하고, 돈도 나를 사랑해 주니까요.

나는 돈을 끌어당기는 자석입니다.

당신의 가장 친한 친구를 대하듯
돈을 대해 보세요

돈 걱정을 하는 중에 돈이 친한 친구가 될 수 있다는 말을 들으면 화가 날지 모릅니다. 보통 우리의 돈에 대한 믿음은 너무나 오래되고 뿌리 깊은 것이어서, 돈에 관한 이야기를 할 때 다양한 감정이 따라 옵니다. 돈에 대한 워크숍보다 섹스에 대한 워크숍이 훨씬 쉬울 정도입니다. 이런 워크숍에서 돈에 관한 고정관념을 지적당한 사람은 거칠게 분노를 폭발시키기도 하지요. 우리는 정말로 자신이 돈에 관하여 어떤 감정을 갖고 있는지 알아야 합니다. 거울 속의 자신에게 말해 보세요.

"돈에 대한 나의 가장 큰 걱정은 ~한 것이다."

이 말을 한 다음, 몸과 마음을 편히 하면서 어떤 감정이 일어나는지 느껴 봅니다. 예를 들면 "나는 절대 이 빚을 다 갚지 못할 거야." 또는 "나는 부모님처럼 가난에서 못 벗어날 거야." 또는 "노숙자가 될까봐 두려워." 등등 다양한 감정을 느낄 수 있습니다. 이런 생각을 진실로 믿는다면, 그 사람에게 풍요와 번영이 오는 것은 불가능합니다. 그러니 이런 믿음이 자기 삶에서 돈의 원만한 흐름을 막고 있음을 알아차리면 나는 이 믿음을 바꾸기로 하고, 새롭게 선언하겠습니다.

"내가 필요로 하는 것들이 모두 채워진다. 나는 부모님보다 더 많은 돈을 벌 수 있다. 나는 부자가 되어도 괜찮다. 풍요로워지는 것은 안전하다. 나는 지금 풍요를 끌어온다!"

나는 돈에 대한 걱정을 내려놓고,
삶의 과정을 즐깁니다.

매 순간이 인생의

새로운 **시작**입니다

우리는 예전 방식대로 생각할지, 아니면 새로운 방식으로 생각할지 갈등하며 망설이곤 합니다. 이러한 과정을 경험하는 동안에는 인내심이 필요합니다. 망설이는 자신을 타박하는 것은 변화를 더디게 할 뿐이니, 자신을 꾸짖기보다는 칭찬하고 격려하는 것이 필요합니다.

내가 생각하고 말하는 것은 정말로 그렇게 되리라는 선언과 같습니다. 주의를 기울이면 자신의 생각과 말에 얼마나 부정적인 부분이 많은지 알 수 있지요. 예전에 나는 삶을 부정적인 관점으로 보는 데 익숙했습니다. 예를 들어 어떤 날 비가 내리면 "비가 오다니, 오늘은 정말 재수가 없어."라고 말했습니다. 그러나 알고 보면 그날이 재수 없는 날은 아니었습니다. 그저 비가 왔을 뿐이죠. 사건을 바라보는 관점에 조금만 변화를 주어도, 그 사건의 의미는 완전히 달라집니다. 나는 이제부터 삶을 긍정적인 관점으로 볼 것입니다.

나는 고정관념에서 벗어납니다.
새로운 방식으로 생각하는 것은 즐겁습니다.

오직
좋은 소식만
전하는
사람이 되세요

우 리는 매일 뉴스를 보며 수많은 사건사고를 접합니다. 그러다 보니 우리의 의식 속에도 안 좋은 정보가 넘쳐 나고 있지요. 항상 안 좋은 뉴스만 보고 듣는다면, 나는 당연히 늘 겁먹은 채로 지내게 될 것입니다. 그래서 나는 오래전에 신문 읽는 것을 그만두었습니다. 내가 꼭 알아야 할 소식은 누군가 나에게 전해 주기 마련이니까요.

많은 매체들이 자신들의 뉴스가 잘 팔리기를 원하고, 그러기 위해 사람들의 주의를 확 잡아끄는 가장 안 좋은 사건을 캐내어 보도합니다. 나는 사람들이 뉴스의 75% 이상이 좋은 소식으로 채워질 때까지 모든 매체를 거부했으면 합니다. 이렇게 하면 우리가 삶을 긍정적으로 보는 데 많은 도움이 될 것입니다. 우리는 신문사나 잡지사, 방송국에 더 많은 좋은 뉴스를 내보내 달라고 요청할 수도 있습니다. 또 다 같이 긍정적인 뉴스가 많아지는 것을 마음에 그릴 수 있습니다. 그리고 모든 부정적인 뉴스의 이면에는 사랑과 관심을 갈구하는 소리없는 외침이 있다는 것도 기억해야겠지요.

나는 항상 밝고, 긍정적인 뉴스만 보고 듣습니다.

애정을 듬뿍 담아

당신의 몸을 잘 돌보아 주세요

나는 더 건강해질 수 있도록 최선을 다하여 내 몸을 잘 돌봅니다. 나는 자신을 소중히 여기며 자신을 잘 돌보길 원하기 때문에 영양학에 관심을 가집니다. 사람은 저마다 다른 체질을 타고 났기에 내 몸도 특별합니다. 그래서 나는 내 몸에 가장 잘 맞는 것에 대해 배웁니다.

나는 먹고 마시는 것에 주의를 기울이고, 체질에 맞지 않은 먹거리에 대하여 알아차립니다. 시간에도 주의합니다. 예를 들어 뭔가를 먹고 한 시간쯤 후에 바로 잠이 들면 그 음식은 적어도 그때 나에게는 별로 좋지 못했을 것입니다. 나는 세포의 재생을 촉진하며, 에너지를 주는 음식을 찾아봅니다. 내가 먹는 모든 것에 사랑과 감사의 마음을 담아 축복합니다. 나의 건강은 양과 질 모든 면에서 모두 좋아집니다. 나는 건강과 행복과 활력을 느낍니다.

나는 매일매일 나 자신의 건강을 잘 돌봅니다.

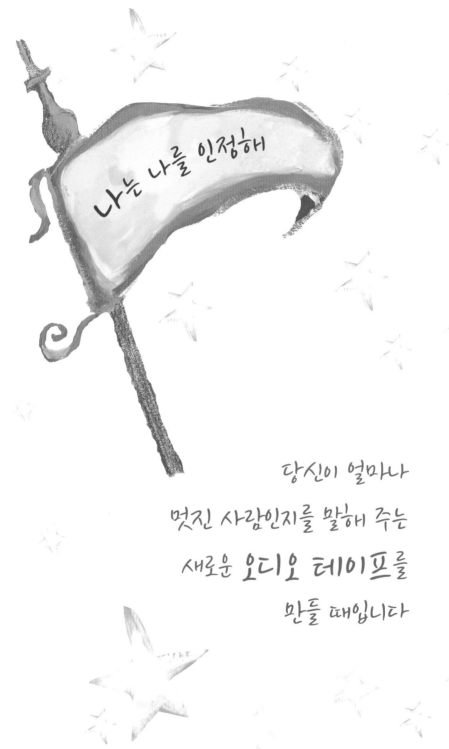

나는 나를 인정해

당신이 얼마나
멋진 사람인지를 말해 주는
새로운 **오디오 테이프**를
만들 때입니다

부모님이 어린 시절에 해준 말을 오디오 테이프로 만들면 약 25,000시간 분량이 된다고 합니다. 대부분의 사람들이 어른이 된 다음에도 25,000시간짜리 테이프를 끊임없이 마음속에서 재생하곤 하지요. 이 낡은 테이프에 담긴 메시지는 부정적인 것이 많습니다. 비판과 "~해야만 한다."와 같은 내용입니다. "나는 너를 사랑한다. 너는 정말 멋진 아이야. 모든 사람들이 널 좋아한단다." 와 같은 긍정적인 메시지는 턱없이 부족합니다.

이제 나는 그 낡은 오디오 테이프를 삭제할 것입니다. 내면의 울림에 조심스럽게 귀를 기울이고, 나를 불편하게 하는 생각으로부터 등을 돌립니다. 더 이상 그 오래된 테이프의 말에 얌전히 귀를 기울일 필요가 없습니다. 그 오래되고 부정적인 메시지들은 절대 나에 대한 진실이 아닙니다. 나는 새롭게 창조할 수 있습니다. 나는 그럴 능력이 있는 사람입니다. 나는 사랑받을 가치가 있습니다. 나는 정말로 이상적인 삶을 살 충분한 자격이 있습니다. 내 삶에는 목적이 있습니다. 나는 낡은 테이프들을 바꿀 것입니다.

나는 과거가 아닌,
지금 이 순간을 살고 있습니다.

당신의 삶에

질서와 정리정돈을

초대하세요

주변 사물들을 질서 있게 잘 정돈해 놓으면, 필요할 때 쉽게 찾을 수 있습니다. 정리정돈은 그래서 유익함과 즐거움을 줍니다. 모든 것은 신성한 질서의 영향 아래 있고, 하늘의 별도, 내 옷장 속의 옷도, 책상 위의 서류도 마찬가지입니다. 외부적인 것뿐만 아니라 내면의 질서를 위해서도 나는 또 매일 일정한 시간에 스트레칭을 하고, 마음을 정돈하는 의식을 가집니다. 그렇게 내 삶에 질서가 잡히면, 좀 더 창의적이며 통찰력 있는 생각을 쉽게 할 수 있습니다. 물론 정해진 일들은 그날의 사정에 따라 바뀔 수 있습니다. 그래야 일을 더 즐겁게 효과적으로 할 수 있으니까요. 나는 언제나 신성한 계획의 일부입니다. 나의 세상에서는 모든 것이 질서를 따라 순조롭게 흘러갑니다.

내가 필요로 하는 모든 것이
내 손 안에 있습니다.

사랑으로
모든 고통을 치유하세요

나의 상위자아는 나에게 육체적, 정신적인 면에서 모두 고통 없이 살 수 있는 방법을 가르쳐 줍니다. 고통은 아침에 일어날 때 알람을 맞춰 둔 시계가 울리는 것처럼, 내면의 지혜가 깨어날 때가 되었음을 알리는 신호입니다. 자신에게 화가 나거나 몸에 대해 불만이 있나요? 이런 생각이나 행동은 내 삶을 이끄는 높은 차원의 의지와 맞지 않습니다. 자신을 사랑하고, 몸의 구석구석까지 남김없이 사랑할 수 있을 때 진정한 치유가 시작됩니다. 의식 상태가 분노 혹은 두려움에서 사랑으로 바뀌어 갈 때 건강과 환경도 긍정적인 방향으로 움직이기 시작합니다. 나는 몸과 마음이 서로 밀접한 관련이 있음을 알기에 내 몸과 마음 모두를 사랑합니다.

나는 내 몸을 사랑함으로써
치유의 첫걸음을 내딛습니다.

부모님을 사랑하고,
그 사랑을 표현하세요

이제는 나의 두 발로 우뚝 설 때입니다. 나는 스스로 생각하고, 스스로 지원하며, 부모님이 내게 주지 못한 것을 나 자신에게 줍니다. 부모님이 자랄 때 어땠는지 알면, 부모님의 한계에 대하여 이해할 수 있습니다. 부모님 또한 자신들의 부모가 가졌던 한계 안에서 성장한 것입니다. 게다가 우리 부모님 시절에는 어떻게 해야 좋은 부모가 될 수 있는지 알려 주는 사람도 거의 없었지요.

부모님과 관련된 문제는 어떤 면에서 우리가 매일 부닥치게 되는 일이기도 합니다. 최선은 부모님을 있는 그대로 받아들이고 사랑하며, 동시에 부모님 또한 나를 있는 그대로 받아들이고 사랑해 준다고 확언하는 것입니다. 나는 내 삶의 어떤 안 좋은 부분을 부모님 탓으로 돌리지 않겠습니다. 나는 사랑으로 부모님을 축복합니다. 그러므로 부모님과의 관계는 편해지고, 서로 소중한 행복을 마음껏 누릴 수 있을 것입니다.

나는 부모님도 한때 어린아이였음을 기억하고
그들을 이해합니다.

모든 일이 다 괜찮습니다

당신에게 필요한 모든 것이

가장 적절한 때 주어지리니,

인내하세요

우리가 조급해지는 이유는 시간이 걸리는 걸 원치 않기 때문입니다. 자신이 원하는 것이 당장 이뤄지길 바라는 것이지요. 순간의 쾌락은 그때 그 순간에 그치고 맙니다. 삶에는 매 순간마다 반드시 배워야 할 것, 알아야 할 과제들이 있습니다. 인내심은 내가 소망하는 모든 일이 가장 적합한 때, 가장 적합한 모습으로 나타난다는 것을 평온하게 믿으며 기다릴 수 있게 해 줍니다. 지금의 경험을 완벽히 마무리하지 않는다면, 계속 나에게는 미완의 과제가 남게 됩니다. 인내심을 가지면 속도를 올리는 것과 다른 결과가 나타납니다. 속도에 대한 집착이야말로 시간의 낭비로 이어지지요. 나는 천천히 숨을 쉬고, 내면으로 들어가 물어봅니다.

"내가 지금 알아야 할 것이 무엇이지?"

그런 후 주변에서 다가올 도움을 차분하게 기다립니다.

나에게는 충분한 시간이 있습니다.
나는 넉넉한 마음으로 내가 원하는 일들이
제때 이루어질 것을 압니다.

169

이 세상의 평화는

당신으로부터 시작됨을

기억하세요

세 상이 평화롭길 바란다면 내가 먼저 평화로운 사람이 되어야 합니다. 다른 사람들이 어떻게 행동하든지 간에 나는 마음에 평화를 담겠습니다. 나는 혼돈과 광기 어린 세상의 한 복판에서도 평화를 선언할 것입니다. 나는 이 복잡하고 어려운 세상을 사랑과 평화의 마음으로 감싸 안습니다. 분쟁이 있는 곳 어디에나 평화를 기원하는 마음을 보냅니다.

세상이 더 나은 곳으로 바뀌는 걸 보고 싶다면, 먼저 내가 이 세상을 보는 방식을 바꿔야 합니다. 그러므로 나는 이제 삶과 이 세상을 긍정적인 눈으로 볼 것입니다. 또 평화는 내 생각에서부터 비롯된다는 것을 알기에 나는 평화로운 생각을 선택하며, 나와 비슷한 생각을 가진 평화로운 사람들과 연결될 것입니다. 우리는 다 함께 우리가 속한 이 세상에 사랑과 평화를 불어넣는 사람들이 될 것입니다.

나는 가장 평화로운 방식으로 살아갈 것을
선택합니다.

당신은 완전함,

그 자체입니다

자기의 몸을 보며 "내 엉덩이는 너무 펑퍼짐해.", "내 코는 너무 납작해."라고 말하는 아기는 없습니다. 아기들은 본능적으로 자신이 얼마나 완벽하게 태어났는지 아는 것처럼 보입니다. 우리도 한때는 아기들처럼 자신의 완전함을 자연스럽고 당연한 것으로 받아들였습니다. 그러나 성장하는 과정에서 우리는 자신의 완전성을 의심하게 되었고, 좀 더 완벽한 모습이 되기 위해 노력하기 시작했습니다. 우리는 이미 완전하기에, 더 나은 다른 존재가 된다는 건 불가능합니다. 우리는 자신을 그저 받아들일 수 있을 뿐입니다. 결코 잘못된 건 없습니다.

다시 한 번 강조하며 이렇게 확언합니다. 우리 모두는 신성한 삶이 빚어낸 가장 뛰어난 작품들이며, 그렇기에 어떤 모습일지라도 다 괜찮습니다.

나는 육신과 영혼을 모두 포함하여
나 자신에게 완벽히 만족합니다.

완벽한 우주의 섭리에
삶을 맡겨 보세요

하늘의 별, 달, 태양 모두 성스럽고 완벽한 우주의 질서를 지키며 회전하고 있습니다. 이 우주에 존재하는 것들은 분명 그 나름의 정해진 길과 목적이 있고, 그에 맞는 질서와 리듬에 따라 흘러갑니다. 나 또한 이 우주의 한 부분이기에 내 삶에도 질서와 리듬과 목적이 있습니다. 가끔은 삶이 혼돈으로 가득한 것처럼 보일 때도 있지만, 그 혼돈의 이면에도 보이지 않는 신성한 질서가 자리하고 있습니다. 혼란스러울 때 나는 긍정적인 생각을 선택함으로써 마음을 가다듬습니다. 그러면 다시 내면의 질서를 찾을 수 있습니다. 나는 내 삶이 성스럽고 완벽한 우주의 섭리를 따르고 있음을 신뢰합니다. 나의 세상에서는 모든 일이 순조롭습니다.

나는 우주가 가장 합당한 모습으로
흘러간다는 것을 믿습니다.

모든 사람이 배불리 먹고, 옷 입으며,

쉴 수 있는 집을 가진다면

그 얼마나 행복할까요!

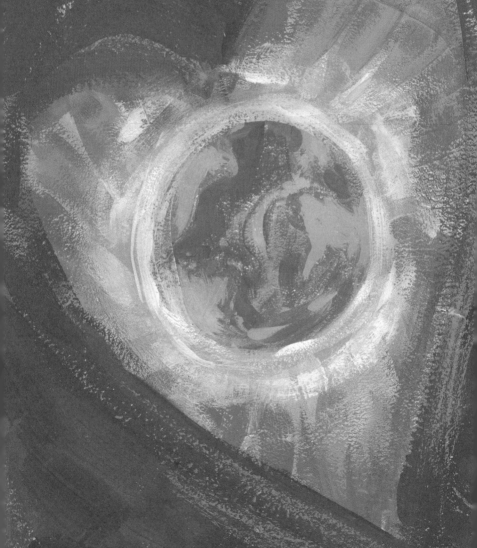

개인적 차원에서 지구를 위해 할 수 있는 선한 일은 얼마든지 있습니다. 나는 종종 특정한 단체를 통해 육체적, 경제적인 봉사를 하곤 합니다. 더불어 지구를 치유하는 데 마음의 창조력을 사용합니다. 지구 어딘가에 자연재해 또는 무자비한 폭력 사태가 발생했다는 뉴스를 들으면 나는 즉각적으로 그 모든 상황을 사랑으로 감싸 안는 상상을 합니다. 그리고 그 모든 경험들이 물러가고, 좋은 결과가 나타나게 되리라고 확언을 합니다. 나는 그곳에 긍정적인 에너지를 보내면서, 그 문제들이 모든 사람에게 가장 좋게 해결되는 장면을 상상합니다.

나는 사건의 가해자인 사람도 사랑으로 축복합니다. 동시에 그들 내면 어딘가에 잠들어 있는 사랑과 자비심이 밖으로 드러나 그들 또한 치유되기를 확언합니다. 우리가 살아가는 이 세상이 건강해질 때에야, 우리 모두 치유받고 하나가 될 수 있습니다.

나는 이 지구상에 사는 모든 사람을 위한 선함이
실현되기를 확언합니다.

이 경이로운 별 지구에
당신의 사랑이 필요합니다

지구는 지혜롭고 자애로운 어머니와 같은 별입니다. 지구에는 셀 수 없을 만큼 많은 종의 동식물과, 조류, 어류, 그 외에 미처 발견되지 않은 많은 생물들이 있습니다. 지구는 물, 음식, 공기, 사람 등 우리에게 필요한 모든 것을 줍니다. 그러나 사람들은 최근 몇 년 동안 지구를 학대하며, 소중한 자원을 거의 다 써버리다시피 했지요. 지금처럼 지구에 대한 존중을 잃은 채로 계속 지낸다면 우리는 결국 살아갈 터전을 송두리째 잃고 말 것입니다.

나는 우리가 사는 세상을 더 나은 곳으로 만드는 일에 기꺼이 나서겠습니다. 나의 생각은 이성적이지만, 사랑과 나눔에 기초한 따뜻함을 품고 있습니다. 나는 재활용을 하고, 퇴비로 정원을 가꾸고, 토양이 좋은 성분을 유지할 수 있게 합니다. 나의 노력으로 지구는 더 살기 좋은 곳이 될 수 있습니다. 나는 사람들이 깨끗하고 건강한 환경에서 살아가는 평화로운 지구별을 상상합니다. 나는 사람들이 마음을 열고 생각을 하나로 모아 이 세상이 모두에게 안전하며 사랑이 충만한 지상낙원으로 변해 가는 것을 꿈꿉니다. 내가 먼저 행동할 때, 그 일은 현실이 되어 갑니다.

**내가 살고 있는 이 아름다운 세상에
감사와 경의를 표합니다.**

미래를 바꿀 수 있는 힘은,
오직 **지금** 이 순간에 있습니다

내 삶을 치유할 힘은 오직 나 자신에게 있습니다. 우리는 이 점을 꼭 기억해야 합니다. 나는 무기력하지 않습니다. 나는 내 마음과 생각을 다스릴 힘이 있습니다. 생각이 내 삶을 창조합니다. 그러므로 나는 더 이상 자신을 희생자로 여기는 무기력한 생각을 하지 않기로 결정합니다. 나는 불평과 징징거림을 멈추겠습니다. 나는 현재 이 순간에 머물며 생각의 힘을 느끼고, 그것을 현명하게 사용하겠습니다. 나는 나를 행복하게 만드는 생각을 선택할 것입니다. 또한 삶에 대해 감사하고, 감탄하는 생각을 할 것입니다. 나는 나를 창조한 우주의 권능과 연결되어 있습니다. 삶은 언제까지나 나를 지원해 주며, 또한 사랑해 줍니다.

나는 지금 이 순간부터
나의 힘을 주장합니다.

당신과 나,
우리는 모두 하나입니다

인간은 모두 지구라는 별에서 더불어 살아갑니다. 우리는 지구에서 각자 맡은 일을 하고, 같은 공기로 호흡을 합니다. 우리가 갈 수 있는 다른 곳은 없습니다. 어디 출생이건, 어떤 피부색과 종교를 가졌건, 어떤 신념을 가지고 있건 간에 우리는 이 지구 위에서 하나의 삶으로 연결되어 있는 것입니다. 나는 더 이상 다른 사람에 대한 편견을 갖지 않겠습니다. 나는 남들과 비교하며 우월감을 갖거나, 열등감을 느끼지 않겠습니다. 나는 지구촌의 가족을 모두 동등하게 대할 것이며, 사랑을 담아 마음을 열고 소통할 것입니다. 의견의 차이는 그 자체로 멋집니다. 표현의 다양성은 그 나름대로 아름답습니다. 이제 나는 예전보다 더 마음을 열어 내가 살고 싶은 세상을 만드는 일에 집중하겠습니다.

나는 사랑이 서로 간의 차이를 넘어서는
해법이라는 것을 압니다.

모든 문제에는 답이 있습니다
그 답은 당신의 마음속에 있습니다

어떤 문제가 생기건, 그리고 그 문제가 얼마나 압도적으로 보이건 간에 답은 언제나 내 마음속 고요한 장소에 있습니다. 나는 크고 깊게 숨을 들이마시고, 내쉬어 봅니다. 이렇게 여러 번 반복하며 말합니다.

"다 괜찮아. 모든 일이 가장 선한 결과로 이어질 거야. 이 상황이 지나가면 좋은 일만 생길 거야. 나는 안전해."

간단한 확언이지만 이렇게 확언하면 마음이 떠드는 소리가 잠잠해지고, 우주가 가장 좋은 해결책을 찾아주리라는 믿음을 가질 수 있습니다. 심호흡을 하며 확언하세요. 반드시 삶에 기적이 일어날 것입니다.

나는 언제나 문제의 원인보다는
해결에 초점을 맞추어 생각합니다.

당신의 의식 안에

풍요와 번영을 받아들이세요

나는 신으로부터 진실로 놀라운 보물을 상속받았습니다. 이 보물은 바로 내 마음속 '사랑'입니다. 이 보물은 다른 사람과 나눌수록 점점 더 늘어납니다. 풍요와 번영은 자기 자신에 대한 좋은 감정에서부터 시작됩니다. 자신을 좋아할 수 없다면 그 사람은 정말로 아무것도 즐길 수 없습니다. 집, 자동차, 옷, 친구, 건강, 은행계좌 등 모든 것은 나 자신을 어떻게 생각하느냐, 그리고 내가 좋은 것을 누릴 자격이 있다고 생각하느냐가 결정합니다.

내가 어디에 있건, 무슨 일을 만나건 간에 나는 생각과 신념을 바꿀 수 있습니다. 진정한 풍요는 돈을 얼마나 가졌느냐에 달려 있지 않습니다. 풍요는 마음가짐이며, 의식입니다. 나는 이제부터 마음을 활짝 열어 풍요와 번영을 받아들이겠습니다. 하루에 한 번씩 나는 두 팔을 넓게 벌리며 이렇게 선언할 것입니다.

"나는 마음을 활짝 열고 우주에 있는 모든 좋은 것과 풍요로움을 받아들입니다. 삶이여, 진실로 고맙습니다."

나는 언제나 내가 필요로 하는 모든 것을 가지게 됩니다.

당신의 삶을
고귀한 목적과 의미로
채워가세요

산다는 것은 우주와 나 자신을 탐구하고 경험할 수 있는 정말로 놀라운 기회입니다. 또 자신을 탐구하는 것은 미지의 세계를 개척하는 것과 같은 신비로운 경험입니다. 나는 여러 가지 한계를 안고 있는 자아는 잘 알고 있습니다. 그러나 이제부터는 한계를 모르는 나의 또 다른 모습에 대해 알아보려 합니다. 내 삶의 목적은 내가 고요히 마음을 가다듬을 때마다 새롭게 펼쳐지는 중입니다. 그리고 나는 압니다. 성격이 내 전부는 아니라는 것을. 나는 문제도 아니며 두려움이나 질병도 아닌, 모든 것을 넘어선 그 이상입니다.

나는 영혼이며, 빛이며, 에너지이며, 사랑입니다. 나는 내 삶을 고귀한 목적과 의미로 채워 갈 힘이 있습니다. 나는 더 나은 삶을 만들어 갈 새로운 방법을 꾸준히 발견할 것입니다. 그렇기에 나는 현재의 삶에 진심으로 감사할 수 있습니다.

나는 내 삶의 목적을
매일매일 실현해 가는 중입니다.

당신에게 있어 가장 가깝고 친한 사람은
바로 당신 자신입니다

소중한 사람을 만나 사랑하고, 결혼하는 것은 누구나 꿈꾸는 근사한 일입니다. 하지만 이런 관계는 일시적인 것입니다. 사랑이 식어서 헤어지거나 사별을 하거나, 모든 관계에는 반드시 '끝'이 있기 때문입니다. 그러나 나와 영원토록 함께할 수 있는 단 한 사람이 있습니다. 그 사람은 바로 '나 자신'입니다. 누가 뭐래도 나 자신과의 관계는 영원할 수밖에 없지요. 그렇기에 우리는 자신의 가장 좋은 친구가 되어 주어야 합니다.

나는 자신을 사랑하고 받아들여 줍니다. 그리고 가장 사랑하는 사람에게 말을 건네듯 나 자신과 대화를 나눕니다. 내 몸의 세포 하나하나마다 사랑으로 축복을 하면 내 몸은 더 생기 있고, 건강해집니다. 나는 언제나 나를 사랑해 주는 우주와 연결되어 있음을 압니다. 나는 사랑스러운 사람들과 행복한 경험을 끌어옵니다. 세상 누구보다 나 자신을 사랑하므로, 내 삶의 모든 관계는 사랑이 넘쳐납니다.

내 마음속에 사랑할 수 있는 여유가
점점 더 많이 생겨납니다.

습관은

미움의 대상이 아닙니다

그냥 **흘려보내** 주세요

오래된 습관을 떠나 보낼 때가 되면, 그 습관은 해결해야 할 문제의 모습으로 나타납니다. 이런 문제가 나타나면, 나는 내면 깊은 곳에서 사랑받기를 원하는 부분이 보내는 신호임을 깨닫습니다. 나는 우주에게 두려움을 놓아 보낼 수 있도록 도움을 요청하며, 나 자신에게도 새로운 지식과 행동을 허용합니다. 그리고 나는 부정적인 습관과 신념을 사랑해 주는 방법도 배웁니다. 예전에는 습관적으로 "이 습관은 정말 나빠. 빨리 없애 버려야겠어."라고 말하곤 했습니다. 하지만 이제는 나의 안 좋은 습관들도 그 나름의 쓰임새가 있다는 것을 깨닫습니다. 그래서 나는 예전 습관들을 부정하고 미워하는 대신 사랑의 마음으로 흘려보냅니다. 그리고 나의 필요를 채워줄 수 있는 긍정적인 습관을 발견할 것입니다.

나는 완벽해져야 한다는 욕구를
흘려보냅니다.

어떤 종교를 믿든,
모두를 **사랑으로** 대하세요

이 우주의 무한한 지성과 연결될 때, 나는 흔들림 없고 안전합니다. 우주를 다스리는 불멸의 힘은 나를 비롯하여 만물을 창조한 근원의 힘입니다. 나는 이 힘이 나의 내면에도 존재하는 것을 느낍니다. 내 몸의 모든 신경과 세포 하나하나는 이 힘이 얼마나 위대한지 깨닫습니다.

사람마다 믿는 바는 다르겠지만, 우리 모두는 자신을 창조한 이 힘과 항상 연결되어 있습니다. 자신을 받아들이며, 내가 충분히 괜찮다는 것을 인정할 때 나는 이 치유와 사랑의 힘에 완전히 나를 열 수 있습니다. 나를 둘러싼 이 우주의 사랑은 내 안에도 있습니다. 나는 이 사랑을 온전히 누릴 가치가 있는 사람입니다. 이 사랑이 내 삶 전체를 통하여 흐릅니다. 마침내 나는 깨닫습니다. 이 사랑의 힘이 나를 영원히 돌봐 주는 신의 존재라는 것을요.

나는 이 우주와 나를 창조한 무한한 권능과 연결됩니다.

원망을 내려놓으세요
그리고 용서하세요

어릴 때 우리는 불편하거나 화가 나면 솔직하게 자기 감정을 드러냈습니다. 그러나 자라면서 우리는 화를 꾹꾹 눌러 참는 법을 배웁니다. 그렇게 참은 화는 원망으로 변하여 몸속 깊은 곳에 자리를 차지하고는 우리를 조금씩 파먹어 들어가지요.

다른 사람들처럼 과거에는 나도 지독한 원망의 감옥에서 살았습니다. 나는 '그 사람들'이 나에게 한 나쁜 행동을 떠올리면 분노가 치미는 것은 당연하다고 믿었습니다. 그러나 오랜 시간이 지나고 깨달았습니다. 상처를 경험했을 때의 쓰라림과 원망의 감정을 계속 붙잡고 있는 것이, 그 사건 자체보다 더 나에게 안 좋은 영향을 준다는 것을요. 용서를 거부하면 나는 언제까지나 피해자로 남게 됩니다. 그럴 때 마음은 봉인이 되어서, 사랑을 받을 수도 줄 수도 없지요.

용서는 다른 사람의 잘못된 행동을 모두 용납한다는 뜻은 아닙니다. 먼저 원망의 감정을 흘려보낼 수 있어야 내가 마음의 감옥에서 나올 수 있는 것입니다. 내 마음이 열리는 그때 나는 비로소 내가 자유로워졌음을 알아차립니다. 나는 용서하고, 흘려보내고, 자유롭게 날아오를 것입니다.

**나는 원망과 억울한 감정을
붙들고 있으려는 욕구를 내려놓습니다.**

행복은 타인에게 맡길 수 없습니다

스스로 책임져야 합니다

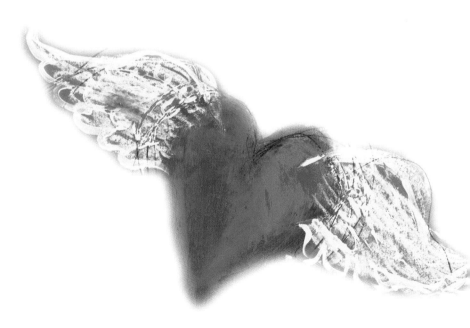

"**삶**에 대한 책임은 자신에게 있다."는 말은 얼핏 들으면 비난하는 말처럼 느껴지곤 합니다. 비난은 우리에게 죄책감과 나쁘다는 감정을 느끼게 합니다. 그러나 이 말은 비난과는 전혀 상관이 없습니다. 자신의 삶에 책임이 있다는 말은 오히려 큰 선물입니다. 그 이야기는 바꾸어 말해 우리가 자신의 삶을 창조하고 원하는 대로 바꿀 수도 있다는 뜻이기 때문입니다.

우리는 환경에 좌우 당하는 무기력한 상태에서 벗어나 삶을 긍정적인 방식으로 다듬고, 더 아름답게 가꿔 나갈 수 있습니다. 자신의 생각을 창조적이며 생산적인 방식으로 사용하기 시작할 때 우리는 더 힘이 넘치는 사람이 됩니다. 자신의 삶에 책임을 지며 적극적으로 삶에 대응해갈 때, 긍정적인 변화가 일어나며 나는 더 큰 행복을 누릴 수 있습니다.

나는 자발적으로
내 삶에 대한 책임감을 갖겠습니다.

내가 나를 존중해야

다른 사람도 나를 존중해 줍니다

여성들은 과거로부터 최근까지 아주 오랜 세월 동안 '안전한 섹스'에 대한 전적인 부담을 져 왔습니다. 여성이 주의를 기울이지 않으면 성병, 혹은 원치 않는 임신 등의 문제에 시달릴 수밖에 없었습니다. 그러나 이제는 남성들도 안전한 섹스에 필요한 지식을 점점 알아 가고 있습니다.

몸은 흥분과 열정으로 달아오르면, 마음에서 보내는 주의에는 귀를 닫아 버립니다. 안전함을 고려하기가 어려워지지요. 그렇다면 섹스를 원하면서 피임도구를 거부하는 상대방은 어떻게 대해야 할까요?

답은 그 사람의 자존감 수준과 관련이 있습니다. 만약 내가 나를 충분히 사랑하고 자존감도 높다면 안전하지 않는 섹스는 거부할 것입니다. 자신에 대한 깊은 배려가 없으면 상대방이 하자는 대로 해버리고는 무작정 괜찮기를 바라겠지요. 자존감이 높을수록, 그 사람은 자신을 더 아끼며 자신이 학대받게 내버려 두지 않을 것입니다. 또한 자기를 사랑하고 자존감이 높은 사람은, 자기를 아끼듯 타인도 아껴 줄 수 있습니다.

나는 나를 사랑하고 아끼기에
불안한 섹스는 언제든 거절할 수 있습니다.

자신이 완벽해지길
기다릴 필요는 없습니다
지금 이 순간부터
자신을 사랑해 주세요.

나는 깊이 사랑하는 사람을 대하듯 나 자신을 대합니다. 세상만사는 변하기 마련입니다. 만남이 있으면 헤어짐이 있지요. 하지만 나 자신에 대한 사랑만큼은 계속될 것입니다. 이것은 허세도 아니고, 자만도 아닙니다. 오히려 허세를 부리거나 자만하는 사람들이야말로 자기에 대한 혐오감을 "그래도 내가 남보다는 낫지."라는 태도 뒤에 숨기고 있는 경우가 많습니다.

자기 사랑은 가장 단순하게는 나의 존재 자체가 기적임을 감사히 여기는 것입니다. 정말로 자신을 사랑하게 되면 그 사람은 더 이상 자신에게 상처 주지 않을 것이며, 타인을 대할 때도 마찬가지일 것입니다. 나는 세계 평화의 해법은 무조건적인 사랑이라고 봅니다. 그 일은 자기를 받아들이고 사랑하는 일에서부터 시작됩니다. 완벽해질 때까지 기다리지 않아도 자신을 사랑할 수 있습니다. 나는 나를 지금의 모습 이대로 온전히 받아들입니다.

나는 나 자신을 사랑하는 일을
더 이상 미루지 않고 지금 시작합니다.

당신의 생각과 말을
사랑해 주세요

이 세상 가운데 나에겐 나만의 독특한 역할이 있습니다. 그리고 나는 그 역할에 필요한 도구도 갖고 있습니다. 그 강력한 도구는 바로 '생각과 말'입니다. 나는 생각과 말을 가지고 나에게 필요한 것을 만들어 낼 수 있습니다. 명상, 기도, 아침마다 하는 10분 동안의 확언 등은 정말로 멋집니다. 아마도 하루 종일 명상, 기도, 확언에 집중할 수 있다면 더 좋은 결과를 얻을 수도 있겠지요.

나는 생각들이 시시각각 내 삶을 만들어 왔음을 기억합니다. 이제는 변화를 불러오는 창조력은 언제나 바로 지금, 여기에 있음을 깨닫습니다. 그러므로 지금 이 순간 내가 무슨 생각을 하고 있는지 알아차려 봅니다. 그리고 이렇게 물어봅니다.

"나는 지금 이 생각들이 미래에 반영되길 원하고 있나?"

그렇지 않다면 그 생각은 바꾸어야겠지요. 우리는 언제나 더 바람직한 생각을 선택할 수 있습니다.

나의 내면 대화에는 언제나
친절과 사랑이 넘칩니다.

당신은

육체적으로, 정신적으로, 영적으로

모든 면에서 이미

완전한 존재입니다

나는 우리가 태어나기 전에 이번 생에서의 국가, 피부색, 성, 그리고 부모님까지도 선택한다고 생각합니다. 우리가 이번 생에서 배워야 할 내용에 가장 알맞은 대상을 미리 선택하는 것이지요. 우리의 삶은 한 번으로 끝나지 않으며, 그렇기에 우리는 매번 생애마다 다른 성별의 삶을 선택할 수 있습니다. 나는 남성인 적도 있고, 여성인 적도 있습니다. 이성애자일 때도 있었고, 동성애자였던 적도 있습니다. 남자로 태어나든 여자로 태어나든 모든 성별에는 그 나름의 장점과, 배워야 할 점이 있을 뿐입니다.

어떤 사회에서는 개인의 성적 취향의 결정권을 인정하지 않기도 하지요. 중요한 것은 남성인가, 여성인가, 이성애인가 동성애인가 하는 모든 구별을 떠나 나는 현재의 모습 그대로 온전하며 완벽하다는 것입니다. 영혼에는 성별이 따로 없습니다. 오직 나를 통해 표현되는 개별적인 인격에만 성별이 있을 뿐입니다. 나는 여성(혹은 남성)인 내 몸 구석구석 모든 부분을 사랑하고 아껴 줍니다. 나는 내 몸과 평화로이 지냅니다.

나는 남자이든 여자이든 나의 성별을
행복하고 편한 마음으로 받아들입니다.

당신이 준비 되는 그때,
상상할 수 없던 방식으로
영적인 성장을 맞이할 것입니다

영적인 성장의 기회는 우리에게 익숙하지 않은 방식으로 찾아옵니다. 우연한 만남, 사고, 질병, 혹은 사랑하는 사람을 잃는 등의 다양한 모습이 될 수 있지요. 특정한 길로 가게끔 내면에서 강력한 욕구가 올라올 수도 있고, 반대로 더 이상 예전 방식대로 사는 것을 완전히 가로막는 장애물이 나타나기도 합니다. 물론 사람마다 차이는 있습니다.

내가 삶에 대한 책임을 온전히 수용하면 영적인 성장이 일어나기 시작합니다. 책임감과 수용은 나에게 꼭 필요한 변화를 불러오는 내면의 힘을 전해 줍니다. 영적으로 성장한다고 내 주변 사람들이 달라지는 건 아닙니다. 영적인 성장은 그동안 희생자로 살았던 사람이 용서를 배우고, 그 역할에서 빠져나와 새 삶을 살 준비가 되었다는 의미입니다. 이 과정들은 하룻밤 사이에 일어날 수는 없으며, 천천히 진행될 것입니다. 나는 이 과정에서 자신을 사랑하며 기꺼이 변화를 받아들이려는 자세를 취하겠습니다.

나는 기꺼이 변화하며, 성장하겠습니다.

삶을 다스리는 영적인 법칙을 배울 때,
'마법'과도 같은 일이
당신 삶에 펼쳐질 것입니다

불의의 사고에서 보호받을 수 있는 가장 확실한 '보험'을 아시나요? 영적인 법칙 알고, 삶의 모든 부분이 사랑의 힘으로 움직인다는 것을 아는 지식이 가장 안전하고 확실한 보험입니다.

영적인 법칙은 컴퓨터나 DVD를 재생하는 기계와 매우 유사합니다. 차분한 상태에서 천천히 인내심을 가지고 조작할 때 컴퓨터는 정말 잘 작동합니다. 마법처럼 필요한 것들을 해 줍니다. 하지만 내가 아무 지식도 없고, 조작 방법도 제대로 따르지 않으면 컴퓨터는 내가 원하는 작업을 절대 해내지 않습니다. 조금의 양보도 없지요. 왜 작동이 안 되냐며 불평불만할 때 아마 컴퓨터는 내가 제대로 작동법을 배우길 기다리는지도 모릅니다. 내가 작동법에 능숙해진 다음에는 근사한 결과물을 얻을 수 있습니다. 말하자면 훈련입니다. 삶에 작용하는 영적인 법칙들은 꼭 이와 같습니다.

나는 만물이 에너지로 되어 있음과
모든 것이 그 법칙에 순응함을 압니다.

당신의 말과 행동이
잠재의식과 연결됨을
항상 의식하세요

잠재의식은 비유하자면, '정보로 가득 찬 저장소'입니다. 잠재의식은 그 사람의 모든 말과 생각을 기록합니다. 내가 잠재의식에 부정적인 내용을 입력하면, 잠재의식은 부정적인 결과를 출력합니다. 즉, 내가 잠재의식에 보내는 생각과 말과 감정에 따라 잠재의식은 각기 다른 결과물을 생산합니다.

그러므로 나는 의식적으로 긍정적이고, 사랑이 넘치며, 힘을 북돋아 주는 생각과 말을 선택할 것입니다. 그래야 나에게 이로운 결과들이 나타날 수 있으니까요. 나는 또한 삶에 기쁘고, 풍요롭고, 기적 같은 일들이 많아지게 하는 새로운 믿음으로 잠재의식을 바꿔 나갈 것입니다.

나는 사랑과 긍정이 넘치는 메시지로
잠재의식을 조정해 나갑니다.

성공하고 싶나요?
먼저 자신에 대한 믿음을
바꿔 보세요

아주 자그마한 도토리도 그 안에 거대하고 완벽한 참나무를 품고 있는 것처럼, 나의 내면에도 이미 성공이 자리하고 있습니다. 지금 내딛는 나의 한 걸음은 아주 작다고 해도, 결과를 속단할 수는 없습니다. 어쩌면 큰 성공이 기다리고 있을지도 모릅니다. 나는 꾸준히 발전하는 자신을 계속 칭찬하며 격려해 줄 것입니다.

나는 경험을 통해서 배울 것이며, 배우는 동안의 실수는 모두 성장의 발판이 되어 줍니다. 성공에서 성공으로 가는 나의 길은 매일 점점 더 밝아져, 마침내 모든 것이 환히 보일 것입니다. 실패는 향상을 위한 하나의 과정임을 깨닫습니다. 그렇기에 나는 실패한 일에 신경을 쓰면서 그 실패가 나를 좌절하게 내버려두지 않을 것입니다. 이 우주에는 존재하는 단 하나의 권능은 완벽하며 어떤 일에도 실패하는 법이 없습니다. 그 힘이 나를 창조했기에 나는 이미 눈부시게 성공한 사람입니다.

내 안에는 성공에 필요한 모든 요소가
이미 갖춰져 있습니다.

몸과 마음의 긴장을 풀고,
삶이 언제나
당신을 돌보아 준다고
생각하세요

이 우주 속에서 나는 결코 외롭지 않으며, 길을 잃지도 않으며, 버림받지도 않습니다. 삶은 매 순간, 밤낮으로 나를 돌봐 주고 있습니다. 만족스런 삶을 위해 필요한 것은 이미 주어져 있습니다. 지구에는 죽는 날까지 호흡하고도 남을 만큼 충분한 공기가 있고, 넘치도록 많은 양의 먹거리가 있습니다. 그리고 교감을 나눌 수많은 사람들도 있지요. 나는 가능한 한 모든 면에서 지원받고 있는 것입니다.

나의 모든 생각은 거울처럼 되비쳐져 경험으로 나타납니다. 삶은 언제나 "그래."라는 긍정의 답을 들려 주고 있습니다. 내가 할 일은 오직 이 풍요와 지원을 기쁘고 감사히 여기며 받아들이는 것입니다. 나는 이제 좋은 것을 거부하는 옛 습관과 이별하겠습니다.

나는 삶 그 자체가 나에게 보내는
사랑과 지원을 받아들입니다.

곁에 있는 사람들과

의식적인 면에서

함께 도약해 가세요

우 리에게는 개인적 혹은 사회적으로 어떤 문제가 있든, 이 문제에 도움을 줄 수 있는 협력자들이 있습니다. 우리는 자기계발 모임, 친목 모임, 영적 교류 모임, 단계별 학습 모임 등 여러 가지 모임에 참여합니다. 혼자 집에서 은둔한 채 생각의 쳇 바퀴를 돌리는 것보다 이런 모임들을 통해 더 많은 도움을 얻을 수 있지요.

우리는 이런 모임에서 자신과 투쟁하며 살지 않아도 된다는 것과 예전의 습관과 기억, 신념에 얽매이지 않아도 된다는 것을 배웁니다. 자신과 비슷한 문제를 가진 사람들과 만나 긍정적인 해결책을 찾는 작업을 함께합니다. 그러면서 과거의 아픔은 뒤로 하고, 서로를 돌보아 주고 힘을 북돋아 줍니다. 우리는 자기연민에 빠지지 않으며 "그 일은 정말 끔찍했어."라며 과거를 곱씹지도 않습니다. 우리는 용서하고 더 나은 삶을 살 수 있는 길을 찾아갑니다. 그리고 서로를 격려하며 함께 치유됩니다.

내가 향하는 곳 어디에서나
도움이 기다리고 있습니다.

의사는 당신이

얼마나 **빨리 낫는지** 보며

감탄할 것입니다

건강 문제로 의사나 전문가를 만나야 할 때가 있습니다. 그럴 때 나는 치유의 능력이 뛰어나며, 긍정적인 태도와 자비로운 마음을 겸비한 사람에게로 끌립니다. 치료하는 사람과 치료받는 사람이 한 팀이 되면, 최상의 치유 결과가 나옵니다. 나는 전문 의료인들을 통해 우주의 지혜가 전해지는 것을 압니다. 그렇기에 치료 과정에서 긴장을 풀고 그들의 세심한 손길에 온전히 나를 맡깁니다.

내 몸에 와 닿는 그들의 모든 손길은 치유의 손길입니다. 그리고 나는 이미 내 안에 온전한 치유가 존재하고 있음을 압니다. 내 몸은 언제나 가장 완벽한 건강상태로 나아 갑니다. 나는 내 몸이 빨리 회복된다는 것을 믿습니다. 나는 치유받고, 건강하며, 온전합니다.

나는 혹시 아프더라도
쉽게 건강을 회복합니다.

삶이 당신에게 주는

사랑을 느껴 보세요

당신은

언제나 **안전**합니다

새로운 세계로 나아가는 일이 두렵나요? 성장은 안전합니다. 나는 배우고, 성장하고, 변하는 것이 좋습니다. 그리고 변화는 곧 인생의 자연스러운 한 속성입니다. 나의 성품은 유연하며, 인생은 쉽고 편하게 흘러갑니다. 나의 내면의 존재는 변함이 없습니다. 그렇기에 나는 무엇을 경험하더라도 언제나 안전합니다.

어린아이였을 때 나는 미래가 무엇을 가져다줄지 전혀 알지 못했습니다. 이제 성숙하여 어른으로의 여정을 시작했지만, 여전히 미래는 알 수 없고 신비롭기만 합니다. 나는 어른이 되는 것이 나에게 안전하며, 나에겐 내 삶을 책임질 힘이 있음을 믿기로 합니다. 어른으로서 가장 먼저 할 행동은 자신을 조건 없이 사랑하는 법을 배우는 일입니다. 그럴 때 나는 미래가 나에게 가져다주는 것은 무엇이든 잘 다룰 수 있습니다.

나는 성숙한 사람이 되어 가는
과정 중에 있으며 안전합니다.

씨실과 날실이 꼬여
직물이 만들어지듯,
당신의 생각이 모여
인생이 만들어집니다

예전에 나는 내 생각이 무서웠습니다. 부정적인 생각을 할 때면 마음이 불편해졌고, 안 좋은 생각이 현실이 되면 더 두려웠습니다. 그때 나는 내 생각을 통제할 힘이 전혀 없다고 여겼습니다. 나중에야 생각이 경험을 만든다는 것과, 내가 생각을 선택할 힘이 있다는 걸 알았습니다. 그리하여 생각의 통제권을 잡고 내가 원하는 방향으로 생각의 초점을 맞추기 시작하자 삶은 훨씬 나은 모습으로 달라지기 시작했습니다.

단언컨대, 나는 내 생각의 주인입니다. 부정적인 생각이 가끔 튀어나오면 나는 여름날 지나가는 먹구름으로 여기고 무심히 그것들을 넘겨 버립니다. 나는 후회, 수치심, 죄책감에 관한 생각들은 흘려보냅니다. 나는 오직 사랑, 평화, 기쁨에 관한 생각과 이 지구를 치유하는 데 도움이 되는 생각만을 하기로 결정했습니다. 이제 나는 내 생각과 친해졌고, 신나고 즐거운 생각을 하며 보내는 시간이 너무나 행복합니다.

내 생각이 나의 가장 좋은 친구입니다.

시 간은 정말로 내가 어떻게 쓰느냐에 따라 달라집니다. 조급
하게 서두른다면 시간은 속도계를 올릴 것이고, 결국 아무
리 시간이 많아도 늘 부족하다고 느낄 것입니다. 반대로 나에게 충
분한 시간이 있다는 걸 믿으면 시간은 천천히 가고 나는 계획한
일 모두를 일정 내에 완성할 수 있습니다. 도로에서 교통체증으로
꼼짝 못하는 경우에는 즉각적으로 이런 확언을 합니다.

"이 도로 위의 모든 운전자들이 목적지에 도착하기 위해 최선을
다한다. 나는 도착하기로 한 가장 합당한 시간에 목적지에 도착하
게 된다."

우리의 모든 경험은 그 나름의 완벽한 조화를 이룹니다. 그 조화
안에서는 너무 이른 것도, 너무 늦은 것도 없습니다. 나는 언제나
가장 합당한 시간에, 내가 있어야 할 장소에 있습니다. 다 괜찮습
니다.

나는 언제나 내가 있어야 할 그 장소에,
가장 알맞은 시간에 도착합니다.

경이로운 변화의 시대
한가운데 있는
당신의 현재를 느껴 보세요

나는 변화의 시대를 살아가는 중입니다. 지금은 낡은 제한적인 믿음들은 흘려보내고 새로운 사고방식을 받아들일 때입니다. 외로움, 화, 공포, 고통 등은 고질적인 두려움의 반응일 뿐이며, 이것이 내가 바꿔야 할 대상들입니다. 나는 이제 두려움에서 벗어나 사랑으로 옮겨 가기를 선택합니다. 나는 내면과 접촉하는 법을 배우며, 나에게는 자신과 세상을 바꿀 힘이 있음을 알았습니다. 나는 더 이상 '희생자'가 아닙니다!

　나는 나를 자유로 이끄는 생각과 믿음을 선택합니다. 나는 내 삶을 책임지는 것과 나의 힘을 북돋아 주며 변화무쌍한 세상에 적극적으로 대응하는 방법에 대해서도 배우는 중입니다.

나는 변화에 잘 적응합니다.

가는 곳이 어디든

당신의 모든 여행길에는

사랑과 동행하세요

어떤 형태의 교통수단을 이용하든지 나는 안전하며 신성한 힘의 보호를 받습니다. 비행기, 자동차, 배, 버스, 오토바이, 스케이트보드, 자전거 등 어떤 것을 이용해도 나는 다 안전합니다. 혹시 교통수단을 이용할 때 호흡이 가빠지고 긴장될 때에는, 어깨 근육에서 힘을 빼며 깊고 천천히 숨을 쉽니다. 그리고 내가 삶과 단단히 이어져 있음을 확신합니다.

나는 삶이 나에게 보내는 사랑과, 내가 가는 곳마다 좋은 시간을 보낼 수 있길 바란다는 것을 느낍니다.

나의 여행은 언제나 평화롭고 안전합니다.

요청하세요
그러면 필요로 하는 것을
받을 수 있습니다

나는 압니다. 내 영혼에 얼마만한 아름다움과 믿음이 있는지. 어려운 일이 생기면 나는 내면의 힘에 집중하며 나의 생각을 사랑과 믿음에 닻을 내려 단단히 고정시킵니다. 그리고 우주로부터 안내자를 요청합니다. 그러면 폭풍우 치는 거친 바다라도 곧 잔잔하게 바뀔 것입니다. 나는 계속 안전하게 항해합니다.

내가 할 일은 현재의 순간에 머무르며, 명료하고 단단하며 긍정적인 말과 생각을 선택하는 것입니다. 삶의 항로는 알 수 없는 신비와 모험으로 가득하지만, 나는 언제나 안전하기에 삶을 전적으로 신뢰합니다.

나는 나 자신을 신뢰합니다.
그리고 삶도 신뢰합니다.

오늘 하루, 24시간 내내

당신의 모든 면을

하나도 **빠짐없이**

받아들여 보세요

나는 불완전함과 결함을 가진 현재 모습 그대로 자신을 사랑하고 받아들일 때, 타인을 사랑하고 받아들이는 일도 편해진다는 걸 알았습니다. 누군가를 사랑하면서 조건을 내걸면 그 사람은 자유롭지 못할 것입니다. "당신이 만약 ~한다면 당신을 사랑하겠어요."는 진정한 사랑이 아닙니다. 그것은 통제일 뿐입니다.

나는 타인을 통제하고 싶은 욕구를 내려놓고, 그들이 자기 모습 그대로를 표현하도록 허용할 것입니다. 나는 내면의 평화를 창조하는 법을 배우며, 현재 내가 가진 모든 깨달음과 지식과 지혜를 가지고 매 순간 배움을 위하여 최선을 다합니다. 의식을 조건 없는 사랑을 향해 여는 순간, 나는 새로운 영적 힘과 연결됩니다. 나는 사랑과 자비의 장막이 지구를 뒤덮는 것을 봅니다. 지구의 의식은 공포에서 사랑으로 전환되어 가는 중입니다.

내보낸 사랑 이상으로
나는 더 많은 사랑을 돌려받습니다.

삶에 대해서 더 많이 이해할수록,

당신의 세계는

더 확장되어 갑니다

나는 배움에 소질이 있습니다. 매일 나는 내면에 존재하는 신성한 지혜를 향하여 나의 의식을 열어 갑니다. 나는 생생히 살아 숨 쉬는 지금이 너무나 기쁘고, 내 삶에 다가오는 좋은 것들에 대해 뜨겁게 감사합니다.

삶 전체는 하나의 수업입니다. 매일 나는 마치 어린아이가 호기심에 가득 찬 눈으로 세상을 보듯, 정신과 마음의 문을 활짝 엽니다. 그리고 나는 새로운 통찰과, 새로운 사람들, 새로운 관점을 발견하고 나아가 삶이 어떤 식으로 펼쳐지는지 이해를 도와주는 새로운 사고방식을 발견합니다. 나는 이해를 확장해 가며 지구에서의 삶이라는 수업에서 경험하는 모든 변화를 좀 더 편안한 마음으로 받아들입니다.

나는 끊임없이 세상에 대한
이해의 범위를 확장해 나갑니다.

경쟁도, 비교도

필요 없습니다

당신은

유일무이한 존재입니다

영적으로 우리는 하나입니다. 하지만 얼굴과 몸은 모두 다르지요. 성격도 그렇습니다. 우리는 하나의 영혼에서 독특한 모양으로 각자 다르게 뻗어 나온 수많은 가지들입니다. 나와 똑같은 사람은 예전에도 앞으로도 없습니다. 그러므로 독특함과 개성을 지녔다는 건 정말 축하받을 만한 일입니다.

나는 절대 넘치지도 않고, 모자라지도 않습니다. "나는 이런 사람이야!"라고 타인에게 증명할 필요도 없습니다. 나는 오직 이 위대하고 신성한 삶이 나를 대하듯 자신을 아끼고 사랑하기로 선택합니다. 진정한 나 자신이 된다는 건 얼마나 신나는 모험인지요! 나는 내면에서 반짝이며 빛나는 별을 따라 나만의 길을 걷겠습니다. 나는 삶을 사랑하며, 나 자신을 너무나 사랑합니다.

나는 독특하고 개성적인 존재입니다.
다른 사람도 모두 그렇다는 것을 인정합니다.

나에게는 뚜렷한 비전과 목적이 있습니다.

나는 언제나 최고의 선함과 최상의 기쁨으로 가는 길로 내면의 인도를 받습니다.

나는 완벽하며, 온전하며, 모자람 없는 무한한 삶과 연결됩니다.

변화무쌍한 삶 가운데서도 나는 흔들리지 않습니다.

나는 이제부터 모든 사물과 모든 사람들에게서 오직 좋은 것만 보겠습니다.

이제 나의 눈에는
모든 것이 분명하고 또렷이 보입니다.

내면의 지혜를
신뢰하세요

나의 내면 깊은 곳 한가운데에 지혜의 샘이 있습니다. 내가 질문을 던질 수 있는 모든 물음에 대한 모든 답이 여기에 있습니다. 이 내면의 지혜는 광대한 우주와 연결되어 있기에, 답을 몰라 쩔쩔매는 경우는 절대로 없습니다.

매일이 새롭고 즐거운 모험인 이유는, 바로 내가 이 내면의 지혜에 귀 기울이기로 선택했기 때문입니다. 나는 언제나 이 지혜의 도움을 받을 수 있습니다. 이 지혜는 내 존재의 본질에서 우러나는 것이기 때문입니다. 나는 묻고, 가장 현명한 답을 얻습니다.

고맙습니다. 세상이여!

내면의 지혜가 언제나 나를
가장 좋은 길로 인도해 줍니다.

무심결에 한 말이 정말 이루어지는 신기한 경험을 해본 적 있으신가요?

예로부터 사람의 말에는 이루어 내는 힘이 담겨 있기 때문에 말을 조심해야 한다는 수많은 선인들의 조언이 전해 왔습니다. 우주 만물은 에너지로 되어 있고, 우리들의 생각도 에너지이기에 그 에너지를 말에 담아 선언을 하면 현실에도 그 말의 내용이 반영되는 것입니다. 이런 믿음을 바탕으로 자기계발 분야에서 가장 널리 활용되는 방법이 바로 확언Affirmation입니다. 확언은 긍정 문구, 또는 긍정 진술문이라고도 하며, 글자 그대로 긍정적인 생각을 말로 선언하는 것입니다.

이 책의 지은이이며, 한국에는 《치유 _ 있는 그대로의 나를 사랑하라》 책으로 널리 알려진 루이스 L. 헤이 여사는 치유 상담가인 동시에 확언의 대가이기도 합니다. 그녀는 긍정적인 생각과 말이 삶에 어떤 기적을 불러오는지를 보여 준 산 증인이라고도 할 수 있습니다. 루이스 헤이 여사의 삶에 대해서 잠깐 소개해 보겠습니다.

- 생후 18개월, 부모님 이혼.
- 새아버지 밑에서 자람. 새아버지의 가정폭력에 시달림.
- 5세, 이웃집 노인에게 성폭행당함.
- 경제대공황으로 인해 가정 형편이 어려워 어린 시절 내내 힘든 노동을 했음.
- 15세, 못 견디고 집을 나옴. 식당에서 웨이트리스로 일함.

- 16세, 첫 아기 출산(자존감이 낮아 쉽게 주변남자에게 몸을 허락했음), 키울 수 없어 입양시킴.
- 집으로 돌아가 어머니, 동생과 함께 새아버지를 떠남.
- 시카고에서 패션모델이 됨. 영국 남자를 만나 결혼.
- 결혼 14년 후 남편의 외도로 이혼하게 됨.
- 이후 종교, 치유, 상담에 열중함.
- 암 선고 받음.
- 부정적 감정을 해소하고 자기를 사랑함으로써 수술 받지 않고 암을 이겨내겠다고 결정함.
- 6개월 후 암 완치되었다는 진단 받음.

대략만 봐도 한 사람이 평생 한 번 경험할까 말까 한 일을 여러 차례 경험했음을 알 수 있습니다. 그러나 그녀는 이 모든 고난을 극복하는 걸 넘어서, 인생의 여러 가지 문제로 힘들어하는 수많은 사람에게 치유와 위로를 전하고 있습니다. 그녀는 책, 강연, 세미나를 통해서 다양한 긍정 확언들을 수많은 사람들에게 소개했고, 치유가 필요한 사람들은 그녀의 긍정 확언을 통해 자기의 문제를 해결하며 삶에 기적이 찾아오는 경험을 했습니다.

긍정적인 생각과 확언은 가장 단순하면서도 강력한 치유와 성취의 도구입니다. 배우는 게 어렵지도 않으며, 많은 돈이 드는 것도 아닙니다. 그저 가랑비에 옷 젖듯 매일 조금씩 익숙해져 가면 됩니다. 정말로 세상에는 수많은 종류의 치유와 성취의 기법들이 있지만, 긍정적인 생각과 확언은 그 모든 도구들의 기본이자 출발점입니다.

저는 5, 6년 전에 루이스 헤이 여사의 확언을 처음 접하고 그녀의 삶에 깊이 감동을 받았습니다. 또 그녀의 책과 확언을 통해 온전한 자기 사랑을 실천하는 법에 대해 배웠습니다. 이후로 확언에 대해 관심을 갖고 배우며 또 직접 지은 책에도 일부를 소개했지만, 의외로 국내에 확언 전문 서적이 드물다는 것을 알고 이 책을 기획하게 되었습니다. 루이스 헤이 여사의 다른 책들이 국내에 몇 종 출판되어 있지만,《루이스 헤이의 나를 치유하는 생각》은 특별히 아름다운 일러스트와 함께 한 장씩 읽어가며 거부감 없이 자연스럽게 확언을 받아들이도록 해 주는 탁월한 책입니다.

2014년, 대한민국에는 '세월 호 참사'라는 어찌 보면 평생을 두고 잊을 수 없는 큰 상처를 남긴 사건이 있었습니다. 지금이야말로 개인과 우리 사회 전체에 '치유'가 그 어느 때보다 절실한 시점이 아닌가 합니다. 이 책이 독자님들의 손닿는 곳, 가장 가까운 자리에 늘 두고 읽는 치유의 바이블이 되길 희망합니다.

감사하며, 사랑을 전합니다.

기획 겸 공역자
비하인드

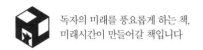

독자의 미래를 풍요롭게 하는 책,
미래시간이 만들어갈 책입니다

루이스 헤이의 나를 치유하는 생각

초판 1쇄 2014년 8월 25일
초판 8쇄 2023년 3월 28일

지은이 루이스 L. 헤이
옮긴이 강나은 · 비하인드

펴낸이 이부원 **펴낸곳** 미래시간
출판등록 제2012-000053호
주소 제주특별자치도 서귀포시 남원읍 신흥리 270-4
전화 (070) 4063-8166 **이메일** nuna0604@naver.com
총괄 서정 **마케팅** 이국남
디자인 김수미 **일러스트** Joan Perrin Falquet
기획·책임편집 미래시간 편집부

ISBN 978-89-98895-04-4 03190